KB274548

쉽게 풀어 쓴
사도신경

조종남 지음

신교횃불

An Exposition of
the Apostle's Creed

by Chongnahm(John) Cho, M.Div., Ph.D.,H.L.D., D.D.

Mission Torch

쉽게 풀어 쓴
사도신경

사도신경

　전능하사 천지를 만드신 하나님 아버지를 내가 믿사오며, 그 외아들 우리 주 예수 그리스도를 믿사오니, 이는 성령으로 잉태하사 동정녀 마리아에게 나시고, 본디오 빌라도에게 고난을 받으사, 십자가에 못박혀 죽으시고, 장사된 지 사흘만에 죽은 자 가운데서 다시 살아나시며, 하늘에 오르사, 전능하신 하나님 우편에 앉아 계시다가, 저리로서 산 자와 죽은 자를 심판하러 오시리라.

　성령을 믿사오며, 거룩한 공회와, 성도가 서로 교통하는 것과, 죄를 사하여 주시는 것과, 몸이 다시 사는 것과, 영원히 사는 것을 믿사옵나이다. 아멘.

The Apostles' Creed

I believe in God the Father Almighty, Maker of heaven and earth, and in Jesus Christ, His only Son our Lord, Who was conceived by the Holy Ghost, born of the Virgin Mary, suffered under Pontius Pilate, was crucified, dead, and buried, He descended into hell; The third day he rose again from the dead; He ascended into heaven, and sitteth on the right hand of God the Father Almighty; from thence He shall come to judge the quick and the dead. I believe in the Holy Ghost, the Holy Catholic Church, the communion of Saints, the forgiveness of sins, the resurrection of the body, and the life everlasting. Amen.

머리말

　사도신경은 사도적 권위로 전하여 내려오고 있는 신경입니다. 이 신경은 초대교회의 공통된 신앙고백으로서 기독교의 교리의 핵심을 간결하게 표현하고 있습니다. 그러기에 오늘날 우리는 교회 공예배에서 사도신경으로 신앙고백을 합니다. 또한 교회에서 세례를 받고 그리스도인이 되고자 하는 자는 사도신경에 동의하며 이를 자기의 신앙으로 고백할 수 있어야 합니다.

　사도신경은 성경에 있는 기독교의 모든 교리들을 간결하게 요약하고 있기 때문에 기독교를 이해하는 데 좋은 길잡이가 되고 있습니다. 예를 들어서 초신자들이 기독교에 대하여 깊이 알고자 한다면, 우리는 당연히 그 사람에게 성경을 읽고 배우라고 할 것입니다. 물론 성경을 배우고 연구하는 것은 중요한 일입니다.

　그러나 성경에 있는 모든 교리를 잘 이해하는 데 있어 사도신경은 훌륭한 길잡이 역할을 하여 효과적인 도움을 줄 것입니다. 따라서 사도신경의 내용을 올바로 이해하는 것은 매우 중요합니다.

저도 학교법인 명지학원 법인사무처 직원들의 금요예배를 인도하면서 사도신경을 함께 공부한 적이 있습니다. 이 책은 그때 강의한 내용을 엮은 것입니다. 성도들이 기독교의 교리를 이해하는 데 많은 도움이 되기를 바랍니다.

끝으로 사도신경을 함께 공부한 명지학원의 동료 직원들과 이런 좋은 기회를 마련해 주시며 늘 저의 사역을 격려하여 주신 이사장 유영구 장로님과 원고 정리를 도와 준 김회창 목사님 그리고 이 책의 출판을 맡아 주신 선교횃불에 감사드립니다.

2006년 6월 10일
조 종 남

히브리서 11:6
믿음이 없이는 기쁘시게 못하나니 하나님께 나아가는 자는 반드시 그가 계신 것과
또한 그가 자기를 찾는 자들에게 상 주시는 이심을 믿어야 할지니라.

제 1장

서론

오늘의 대부분의 교회가 공예배 시에 사도신경으로 신앙고백을 합니다. 또한 정식으로 그리스도인이 되고자 세례를 받을 때에 수세자는 사도신경에 동의하는 신앙을 고백할 수 있어야 합니다.

잔 아모스 코메니우스(Jan Amos Comenius)는 1688년 그의 지나온 신학적인 노력을 회상하면서 사도신경에 대하여 다음과 같이 말하였습니다.

"사도신경만큼 어떤 것도 그보다 간결하고, 단순하고, 핵심적인 것이 없습니다. 이처럼 기독교의 신앙을 그렇게 적절히 요약한 것은 없기 때문입니다."(로호만, 『사도신경 해설』, p. 17).

1. 사도신경의 형성

사도신경은 기독교 선교를 위하여 만들어졌다고 합니다.

열두 사도들이 성령강림 후에 선교하기 위하여 온 세계로 나가고자 결심했을 때, 선교를 위한 신앙의 규범과 하나의 공동의 신앙 규범을 만들었다는 것입니다.

사도신경의 형성에 관하여 이탈리아의 성자인 티라니우스 루피누스(Tyrannius Ruffinus, 345-410)는 다음과 같이 주장합니다.

베드로가 "나는 전능하신 천지의 창조자 하나님 아버지를 믿습니다"고 말하니,

안드레가 말하기를 "나는 예수 그리스도, 하나님의 아들, 우리의 유일한 주를 믿습니다"고 하고,

야고보는 "그는 성령에 의해 잉태되었고, 동정녀 마리아에게서 태어나셨습니다"고 말하였다고 합니다.

요한이 "본디오 빌라도에게 고난을 당하시어 십자가에서 죽으셨고, 죽어 장사 지냈습니다"고 말하니,

도마가 "그는 음부로 내려가 삼일만에 죽은 자들 가운데서 부활하셨다"고 하였고,

야고보가 말하기를 "하늘에 오르셔서 선한 하나님의 오른편에 앉으셨다"고 하니,

빌립이 말하기를 "그곳에서 그는 살아 있는 사람들과 죽은 자들을 심판하러 오신다"고 하였습니다.

바돌로매가 "나는 성령을 믿습니다"고 말하니,

마태가 "거룩한 교회와 성도들의 교통함을 믿습니다"고 말하고,

시몬이 말하기를 "죄의 용서를 믿습니다" 하고,

다대오가 말하기를 "육신의 부활을 믿습니다"고 하니,

마태가 다시 말하기를 "영원한 삶을 믿습니다"고 했다는 것입니다.(Kelly, *Altchristiliche Glaubensbekenntinisse*, s.11)

많은 학자들의 말에 의하면 교회에서 150년경부터 신자가 세례를 받기 위하여 준비하며 고백하는 내용(baptismal confession)으로 이와 비슷한 고백서가 만들어져 사용되어 왔다고 합니다.

그것이 점점 확장되며 다듬어져서 오늘의 것으로 정리되었는데, 그러던 중에 교황 이노센트 3세(Innocent III, 1198-1216)에 이르러 전 교회(천주교)가 공적으로 사용하

기에 이르렀다는 것입니다.

이를 통해 우리는 이방세계에 복음을 효과적으로 전하고자 할 때에는 확고한 신앙고백이 동반되어야 한다는 것을 알 수 있습니다. 나의 신앙고백이 확실하게 된 후에 선교행위가 이어질 수 있다는 것입니다. 이렇게 선교 행위는 우리의 신앙고백을 확실하게 해 주는 사역입니다.

2. 기독교 신학에서 사도신경의 역할

사도신경은 소축척 지도와 같습니다. 사람이 먼 여행을 하려면 지도가 필요합니다. 지도에는 두 종류의 지도가 필요합니다.

하나는 찾아가야 할 방향과 도로, 그 근처에 있는 건물 등이 자세히 표시되어 있는 대축척 지도입니다.

다른 하나는 소축척 지도입니다. 이것은 상세한 것이 생략되어 있으면서 전체를 한 눈으로 볼 수 있는 지도입니다. 이 소축척 지도에 의하여 우리는 가야 할 방향을 발견하게 됩니다. 이 지도가 대축척 지도를 볼 수 있는 안내 역할을 합니다.

그와 마찬가지로, 우리 신앙생활에 있어서 어떻게 믿어야 하며 어떻게 행하여야 하는지는 성경 각 권이 마치 대축척 지도처럼 자세히 가르치고 있습니다. 그런가 하면, 사도신경은 마치 소축척 지도와도 같이, 믿는 것의 길을 신속히 그리고 대략적으로 찾을 수 있도록 제시하고 있는 것입니다.

그러기에 사도신경은 극히 간단한 것이지만 기독교 신앙의 핵심을 한 눈에 볼 수 있도록 되어 있는 것입니다.

그러므로 신자는 사도신경을 통하여 기독교 신앙의 내용에 대한 예비적인 지식을 얻을 수 있습니다. 사도신경은 신앙 내용을 이해하는 데 바른 길잡이가 됩니다.

그리하여 많은 신학자들은 기독교를 소개함에 있어 사도신경을 강해하거나, 또는 사도신경의 순서를 따라 조직신학 책을 쓰곤 하였습니다.

3. 사도신경의 내용의 핵심

사도신경은 무엇을 고백하는 것입니까?

한마디로 요약해서, 세계관에 있어서 우주의 실체가 무엇이냐는 근본적인 질문에 대하여 기독교의 입장을 천명하는 것입니다.

3-1. 우주의 실체가 하나님이심을 고백합니다.

사도신경은 우주의 실체는 하나님이라고 천명합니다. 철학사상사를 보면 우주의 실체에 대하여 여러 가지를 제시하였습니다.

예를 들어서, 그리스의 고대 철학자 탈레스(Thales)는 우주의 실체는 물(water)이라고, 아낙시메네스(Anaximenes)는 공기(air)라고, 헤라클레이투스(Herakleitus)는 불(fire)이라고 했습니다. 그런가 하면, 우주 만물의 참된 실재(實在)는 정신적인 것이며, 물질적인 것은 그 현상에 지나지 않는다고 하는 유심론적 이론 위에서, 플라톤(Platon)은 우주의 실체를 관념(idea)이라고 하였습니다. 헤겔(Hegel)은 절대정신, 피히테(Fichte)는 순수 자아라고 했습니다. 한편 중국철학에서는 이(理) 또는 기(氣)라고 했습니다.

그러나 그리스도인은 우주의 실체를 하나님이라고 천명합니다. 이와 같이 고백함으로 기독교는 다른 종교와 구분되는 특색이 있는 것입니다.

기독교의 신관은 Theism(유신론, 인격신론)에 속합니다. 이 신론은 신이 창조주요, 우주를 통치하며 유지하고 있다고 믿는 것입니다.

그리하여 사도 바울은 사도행전 17장 28절에서 다음과 같이 말하였습니다. "우리가 그를 힘입어 살며 기동하며 있느니라. 너희 시인 중에도 어떤 사람들의 말과 같이 우리가 그의 소생이라"

그리고 골로새서 1장 16절-17절에서도 말씀하였습니다.

"만물이 그에게 창조되되 하늘과 땅에서 보이는 것들과 보이지 않는 것들과 혹은 보좌들이나 주관들이나 정사들이나 권세들이나 만물이 다 그로 말미암고 그를 위하여 창조되었고 또한 그가 만물보다 먼저 계시고 만물이 그 안에 함께 섰느니라."

3-2. 기독교의 신관은 이신론, 범신론과 구분됩니다.

여기서 기독교의 신관과 다른 몇 가지 신관을 살펴보겠습니다.

(가) 다신론(Polytheism, 多神論)이 있습니다.

아브라함이 살던 갈대아에서도 다신론을 신봉하고 있었습니다. 이들은 어떤 자연물들을 신격화하여 섬겼습니다. 페르시아 지역에서는 선한 신과 악한 신이 있어 싸운다고 믿었습니다.

아덴에서 바울이 알지 못하는 신(the unknown god)을 숭배하고 있다고 지적하였듯이, 어떤 이들은 태양신을 신봉합니다. 이 태양신은 비를 내리게 하고 생물이 나고 자라게 한다고 믿었습니다.

또한 인도 등에서는 제우스(Zeus) 신 등과 연관해서, 비를 내려 농사를 잘 짓게 하며 전쟁에서도 승리를 주는 신으로서 '하늘의 신들(gods of sky)'을 섬기기도 합니다.

다산 종교(fertility religion)에서 신관은 농사에서의 생산과 연관시켜 이해되는 것이었는데, 이러한 이해는 나중에 개인, 그리고 심리적인 영역으로 바뀌기 시작하였습니다.

그리하여 옛날 희랍에서는 치유의 신으로 아스레피우스(Asclepius)를, 사랑의 신으로 아포로디테(Aphorodite)를, 죽음과 사후의 심판에 관계된 신으로 하데스(Hades)를 생각하였습니다.

이런 신관은 결국은 사람의 희망 사항을 신격화한 것이었습니다.

(나) 유일신(Monotheism)의 유형도 있습니다.

첫째, 이신론(Deism, 자연신론)입니다.

이는 초자연적인 신을 신봉하는 것입니다. 이들은 신이

우주를 창조하였지만, 피조물이 자신들의 코스를 따라 움직이도록 하였기에, 그 후로 신은 간섭을 하지 않는다고 말합니다.

자연적 종교운동(Natural religion movement)이 여기에서 나오게 되었습니다. 이들은 이성의 자율성을 말하며, 창조 후의 그 어떤 계시나 섭리를 믿지 않습니다. 이런 신관에서는 신의 초월성은 강조되나, 신의 내재성은 전혀 인정되지 않습니다.

둘째, 범신론(Pantheism)입니다.

이는 신이 모든 것에 내재한다고 주장하는 신관입니다. 이 주장에 의하면, 신과 자연은 같은 것이며, '신은 모든 것이고 모든 것은 신이다(god is all and all is god)' 라고 말합니다.

그러므로 범신론에서는 이신론과 다르게 신의 내재성과 편재성을 강조하되 신의 초월성은 인정하지 않습니다. 결국 이러한 신론은 모든 것을 신이라고 하니 결국은 신이 없다는 것과 같습니다. 그리하여 범신론은 무신론의 종교적인 형태(a pious form of atheism)라 할 수 있습니다.

3-3. 사도신경은 하나님의 존재를 전제합니다.

하나님에 대한 믿음은 하나님의 존재를 전제하는 것입니다. 종교적 신앙은 신이 존재한다는 확신에서 시작됩니다.

성서적 기독교의 입장도 마찬가지입니다.

신약성경 히브리서 11장 6절에서는 '하나님께 나아가는 자는 반드시 그가 계신 것을 믿어야 한다' 고 말씀하고 있습니다.

성경은 하나님께서 천지를 창조하신 일로 시작하여 하나님께서 어떤 분이신가를 말하고 있습니다. 그러나 그렇다고 하여 비이론적인 것은 아닙니다. 철학자들이 내세운 증명이 도움이 될 수도 있습니다.

3-3-1. 신 존재에 대한 철학적 증명들이 있습니다.

중세기의 신학자 토마스 아퀴나스를 위시하여 여러 철학자들이 신의 존재를 증명하였습니다. 물론 이런 증명이 하나님에 대한 완전한 논리적 확실성이나 체험적 확신을 주는 것은 아니지만 성서의 진리를 예비시키는 것으로, 또는 신앙을 뒷받침하는 것으로써 유용하다고 생각됩니다.

이에 관한 몇 가지 학설을 소개하고자 합니다.

1) 우주론적 증명(The cosmological evidence).

우주론적 증명은 "원인 없는 일은 없다"는 상식에 기초한 논리입니다. 현실세계가 있는 것을 보면, 이에 대한 최초의 원인(The first cause)이 있었음이 틀림없다는 것입니다. 이 첫째 원인이 바로 하나님이라고 주장합니다. 사실 모든 과학의 구조가 인과율의 법칙에 근거하고 있지 않습니까?

현재 우주 안에서 일어나는 사건들에 그 원인이 있다고 본다면, 이 우주 자체가 적절한 원인을 요청한다고 생각지 않을 수 없습니다. 그렇다면 그 첫째 원인이 곧 하나님이라고 추리하는 것입니다.

그러므로 이 우주론적 변론은, 이 우주는 시작이 있었고 그 시작은 능력 있는 자에 의하여 원인되었다고 생각하는 것이 보다 합리적이라고 생각하게 합니다.

2) 목적론적 증명(The teleological evidence).

이 변증은 우주론적 변론을 더 확대한 것입니다. 우리는 이 우주가 존재할 뿐 아니라, 그 안에는 일정한 질서가 있는 것을 발견합니다. 그럴진대 이 우주가 창조될 때, 어떤 하나의 목적이 있었다고 보는 것입니다.

그리고 그 목적과 질서는 우주 밖에 있는 어떤 존재에 의하여 결정된 것이며, 그 존재가 바로 '신'이라고 합니다. 하나의 유기체가 상호 작용하는 데서 보듯이, 이 질서는 목적과 각 지체의 활동하는 것이 그 목적에 적절히 조화를 이루는 것으로 보고 있습니다. 이를 제정하신 '신'은 지성과 지혜의 하나님일 것이라고 변증합니다.

이 목적론적인 증명은 대단히 설득력 있는 변론으로 인정되고 있습니다.

노벨상을 받은 바 있는 미국의 과학자 컴튼(Arthur H. Compton)은 다음과 같이 말했습니다.

"이 우주는 최고의 지성을 가지신 분이 지으셨고, 또 그분이 사람을 창조했다고 깨닫게 되어, 나는 신앙을 갖게 되었다."

한 계획(plan)이 있는 곳에는 하나의 지성(intelligence)이 있다는 것은 변론할 여지가 없는 일입니다. 그러므로 우주의 진행은 태초에 하나님이 계셨다는 것을 증명해 주고 있는 것입니다.

3) 존재론적 증명(The ontological Evidence).

이 증명의 근본 논리는 신의 관념(The idea of God)이 곧 신의 실재와 직결된다는 것에서 나왔습니다.

이 변증을 내세움으로 유명해진 학자는 안셀름(Anselm)입니다. 그에 의하면, 실제로 존재하는 것은 단지 사람의 생각 안에서만(in intellect) 있는 것보다 큽니다. 그런데 우리는 무한히 완전한 존재에 대한 생각을 가지고 있습니다. 하나님이 바로 이보다 더 큰 자는 없다고 생각되는 그 존재라고 추리하는 것입니다.

신은 최고의 진리요, 최고의 존재요, 최고의 선이기 때문에 완전한 존재입니다. 이 이상 더 위대한 것은 생각할 수도 없는 관념입니다. 이러한 관념 속에는 존재라는 생각이 이미 포함되어 있다고 믿는 것입니다. 사실, 모든 사람이 신에 대한 관념을 가지고 있으니 따라서 신은 존재한다고 생각하는 것입니다.

4) 도덕론적 증명(The moral evidence).

이 증명은 칸트(Immanuel Kant)에 의하여 유명해진 것으로 인간의 양심과 도덕적 성격에 근거한 변론입니다. 곧 사람의 양심은 본질상 선악관을 가지고 있기에, 모두 선은 행하여야 하고 악은 피하여야 한다고 알고 있습니다. 여기에서 도덕적 의무감이 생깁니다.

칸트는 이 도덕적 의무감에서 사람은 벗어날 수가 없다고 보았습니다. 이런 도덕심, 곧 실천 이성은 인간의 선택의 자유와 영혼의 불멸성, 그리고 하나님의 존재를 요청(postulate)한다고 본 것입니다. 인간의 도덕법과 인간의 양심은, 선을 행한 사람은 보상을 받아야 하고 악을 행한 사람은 마침내 벌을 받아야 한다고 믿습니다. 이 필연성은 심판자이신 하나님의 존재를 요청합니다. 따라서 하나님은 존재한다고 결론을 짓습니다.

더 나아가 인간 세계에는 자연법이 있지만 도덕법이 없을 수 없습니다. 도덕법은 우주 배후에 있는 존재 곧 신은 도덕적 존재(Moral Being)일 것이라고 주장합니다. 도덕적인 사람을 창조하신 신은 도덕적인 신임에 틀림없기 때문입니다.

5) 종교적 증명(The religious evidence).

이 변증은 존재론적 증명과 유사합니다. 곧 역사적으로 볼 때, 신이란 관념을 모든 인류가 공통적으로 가지고 있음을 역사가 증명해 주고 있으니 신이 존재한다고 인정할 수밖에 없다는 것입니다.

모든 인종에게 종교가 있고, 신을 숭배해 왔다는 사실은 바로 이를 뒷받침해 주고 있습니다. 사실 인간의 마음속 깊이에는 신을 동경하고 신의 존재를 시인하는 직감이 있습니다.

지금까지 설명한 신 존재에 대한 철학적 논증은 지적으로 진리를 탐구하는 사람들을 어느 정도 만족시키는 것이었음에는 틀림없습니다. 사실, 믿음이 결코 이성과 반대되는 것은 아닙니다. 그러므로 하나님을 믿는 자들이 지식인들에게 반증할 때에 도움이 되기도 합니다.

3-3-2. 우리는 믿음으로 하나님의 존재를 확신합니다.

위에서 언급한 변증은 신 존재에 대한 주요한 증명들입니다. 그러나 이러한 증명은 이성을 중심으로 한 증명으로서, 강한 설득력이 있다고는 볼 수 없습니다.

칸트는 그의 인식론을 다룬 '순수 이성의 비판'에서 이런 증명론이 논리적으로 완벽한 확실성을 가져다주지 못한다고 했습니다.

현대에 와서 신학자, 칼 바르트(Karl Barth)도 이성적으로 하나님의 존재를 수립할 수 없다고 말했습니다. 하나님은 순수이성의 인식의 대상이 아니기 때문입니다. 오히려 하나님의 존재를 확신하는 것은 하나님과의 직접적인 만남, 곧 믿음으로 얻는 구원의 체험에서 확인되는 것입니다.

그러므로 성경은 하나님의 계시, 곧 하나님 스스로가 역사하시면서 자기를 나타내시는 일에 근거하여 하나님의 존재를 확인하고 있습니다.

그래서 성경은 하나님의 존재를 증명하려고 하지 않습니다.

시편 53편 1절에는 "어리석은 자는 그 마음에 이르기를 하나님이 없다 하도다"고 기록되어 있습니다.

성경과 전통의 권고에 따라 우리가 하나님을 받아들여 "나는 믿습니다. 신뢰합니다"라고 고백하게 되기를 바랍니다.

사도요한은 요한복음 1장 12절에서 "영접하는 자 곧 그 이름을 믿는 자들에게는 하나님의 자녀가 되는 권세를 주셨으니"라는 말씀을 통해 믿음을 강조하고 있습니다.

사도신경이 "내가 믿습니다"로 시작되고 마지막에 "아멘"으로 끝을 맺는 것은 바로 그러한 맥락에서입니다.

신앙은 객관적으로 서술 되어진 의미에서의 '앎' 이 아닙니다. 이는 사랑과 신뢰 안에서 인격적인 경험을 의미하는 인식입니다.

히브리서 11장에 나오는 신앙 선조들의 믿음을 생각하여 보시기 바랍니다. 그들의 생동적인 삶의 예는 믿음의 본질을 잘 드러내고 있습니다. 우리가 고백하는 믿음도 이런 믿음이기를 바랍니다.

3-4. 기독교의 신관은 삼위일체 하나님입니다.

사도신경은 우리가 고백하는 하나님에 대하여, 예수 그리스도를 통하여 계시하시고 성령을 통하여 역사하시는 삼위일체 하나님이라고 고백하는 것입니다.

그러면 삼위일체 하나님은 어떤 분이신가를 다음 장들에서 자세히 알아보기로 하겠습니다.

제 2 장

전능하신 아버지 하나님

마태복음 7:7-11

구하라 그러면 너희에게 주실 것이요 찾으라. 그러면 찾을 것이요 문을 두드리라 그러면 너희에게 열릴 것이니 구하는 이마다 얻을 것이요 찾는 이가 찾을 것이요 두드리는 이에게 열릴 것이니라.

너희 중에 누가 아들이 떡을 달라 하면 돌을 주며 생선을 달라 하면 뱀을 줄 사람이 있겠느냐 너희가 악한 자라도 좋은 것으로 자식에게 줄줄 알거든 하물며 하늘에 계신 너희 아버지께서 구하는 자에게 좋은 것으로 주시지 않겠느냐.

전능하신 하나님 아버지

사도신경은 '전능하사 천지를 만드신 하나님 아버지를 내가 믿사오며' 라고 고백합니다. 그러나 헬라어, 라틴어, 영어로 된 사도신경에는 '전능하신 아버지 하나님, 천지를 지으신 하나님을 내가 믿사오며 ("I believe in God the Father almighty, Maker of heaven and earth")로 표현되어 있습니다. 곧 전능하신 아버지 하나님을 먼저 이야기하고 있습니다.

그리하여 우리는 먼저 전능하신 아버지 하나님에 대하여 생각하여 보고자 합니다.

1. 하나님은 사랑의 아버지입니다.

사도신경은 하나님을 전능하신 아버지라고 말하고 있습니다. 아버지는 우리를 돌보시기 위하여 하늘과 땅을 창조하신 사랑의 아버지이시라는 믿음의 고백입니다.

이 고백은 바로 하나님은 인격자이시며 우리와 관계를 가지시기를 원하시는 분이심을 나타내는 것입니다. 이런 점에서 기독교의 하나님은 이신론(Deism)의 신관과는 구분됩니다. 이신론에서는 신은 초월적인 존재로서 그가 창조한 세계의 움직임에는 간섭하지 않는다고 합니다.

그러나 아버지이신 우리 하나님은 우리들의 상태에 관심을 가지시고 우리 안에서도 역사하시는 편재(Omnipresence)의 하나님이십니다.

전능하신 하나님이 우리들의 아버지처럼, 나에 대하여 관심을 가지시고 돌보시니 얼마나 마음 든든하고 감사합니까! 주기도문에서도 나타나고 있듯이 우리는 하나님을 향하여 '아버지' 라고 부를 수 있는 것입니다.

바울은 로마서 8장 15절에서 "너희는 다시 무서워하는 종의 영을 받지 아니하였고 양자의 영을 받았으므로 아바 아버지라 부르짖느니라"고 기록하고 있습니다.

또한 갈라디아서 4장 6절에서도 "너희가 아들인고로 하나님이 그 아들의 영을 우리 마음 가운데 보내사 아바 아버지라 부르게 하셨느니라"고 하였습니다.

이렇게 우리들이 하나님을 아버지라 부르는 것은 우리를 확신의 사람으로 만들어 주는 것입니다.

심리학자들의 말에 의하면, 사람의 인격이 파괴되는 첫 단계는 '열등감'이라고 합니다.

한국의 군부대에는 1980년대부터 군인 아파트가 집단으로 형성되었습니다. 그 아파트에 사는 군인 자녀들이 밖에 나와서 함께 놀게 되는데, 아이들 사이지만 모두 자기 아버지의 계급을 의식하고 사귀기에 아주 곤란해했다고 합니다. 고급장교인 영관장교의 자녀들은 어깨를 펴고 노는데, 하사관들의 자녀는 열등감 때문에 제대로 놀지를 못한다고 합니다.

여러분, 사도신경으로 신앙을 고백하는 우리는 전능하신 하나님을 아버지라고 믿습니다. 이러한 확신을 가지면 우리 안에 열등감이 들어올 여지가 없습니다.

사랑하는 성도 여러분!

하나님 아버지의 자녀라는 자존심을 가지고 생활하시기를 바랍니다. 당당한 그리스도인으로 살게 되시기를 바랍니다.

2. 아버지이신 하나님은 거룩한 분입니다.

고린도후서 6장 16-18절에 다음과 같은 말씀이 기록되어 있습니다.

"하나님께서 가라사대 내가 저희 가운데 거하며 두루 행하여 나는 저희 하나님이 되고 저희는 나의 백성이 되리라 하셨느니라. 그러므로 주께서 말씀하시기를 너희는 저희 중에서 나와서 따로 있고 부정한 것을 만지지 말라 내가 너희를 영접하여 너희에게 아버지가 되고 너희는 내게 자녀가 되리라 전능하신 주의 말씀이니라 하셨느니라"(출 4:22, 렘 31:33, 겔 11:20, 슥 8:8, 13:9 참조).

하나님이 함께 하시는 것이 얼마나 큰 축복입니까! 하나님이 함께 하시면 두려울 것이 없을 것입니다. 하나님이 함께 하는 것이 곧 구원이요, 천국 생활이요, 인생의 행복입니다.

그러나 기억할 것은, 하나님은 거룩하신 분이시기에 하나님과 함께 하기 위하여서 우리들이 거룩하여야 한다는 것입니다(요일 1:5-6). 다른 말로 표현하면, 죄를 범하지 않아야 한다는 것입니다.

죄를 범하였으면 그 죄에서 용서를 받아야 합니다. 하나님 아버지는 뉘우치고 돌아오는 사람을 용서하시고 영접하시는 아버지십니다. 아니, 용서하시기 위하여 그의 독생자 예수님으로 하여금 십자가에서 대속의 피를 흘리게 히신 아버지이십니다.

누가복음 15장 11절 이하에 나오는 탕자의 비유는 이런 하나님의 사랑을 극적으로 설명하고 있습니다. 여기서 집 나간 탕자를 문 열어 놓고 기다리시는 아버지의 사랑을 볼 수 있습니다. 아버지는 탕자가 그 방탕한 생활을 끊어 버리고 아무것도 없이 돌아오기만 하였어도 반겨 주셨던 것입니다. 아들을 위하여 큰 잔치를 배설(排設)함으로 자녀의 신분을 확인시켜 주신 것입니다.

성도 여러분!

하나님 아버지의 품 안에서 사는 모두가 되시기를 기원합니다. 아버지의 품을 떠난 생활을 하고 있습니까? 지체 말고 뉘우치며 하나님께로 돌아오시기를 기원합니다. 주님께로 돌아와 거룩한 하나님 아버지와 동거하는 모두가 되시기를 기원합니다.

3. 하나님은 우리에게 좋은 것과 소망을 주시기를 원합니다.

하나님을 전능하신 아버지로서 그 자녀 된 우리에게 좋은 것으로 채워주시는 분으로 고백하는 것이 사도신경입니다.

성경은 마태복음 7장 11절에서 말씀하십니다.

"너희가 악한 자라도 좋은 것으로 자식에게 줄줄 알거든 하물며 하늘에 계신 너희 아버지께서 구하는 자에게 좋은 것으로 주시지 않겠느냐."

또한 예레미야 29장 11-13절에 있는 성경 말씀에 귀를 기울여 보십시오.

"나 여호와가 말하노라 너희를 향한 나의 생각은 내가 아나니 재앙이 아니라 곧 평안이요 너희 장래에 소망을 주려 하는 생각이라. 너희는 내게 부르짖으며 와서 내게 기도하면 내가 너희를 들을 것이요 너희가 전심으로 나를 찾고 찾으면 나를 만나리라."

성도 여러분!

예레미야 29장 12-13절에 기록된 말씀대로 하나님께 기도하시고 하나님을 찾고 찾으시기를 바랍니다.

성경은 약속합니다.

"그를 향하여 우리의 가진 바 담대한 것이 이것이니 그의 뜻대로 무엇을 구하면 들으심이라"(요일 5:14).

우리 하나님 아버지께서는 우리가 무엇을 구하면 들으십니다. 찾으면 찾게 하십니다. 문을 두드리면 열리게 하십니다(마 7:7).

주님은 우리가 하나님을 믿고 행동하면 반드시 좋은 것으로 주실 것입니다.

4. 아버지 하나님은 전능하신 분입니다.

세상의 아버지는 자녀들에게 좋은 것을 주려고 하여도, 또한 약속을 지키려 하여도 힘이 없어 그것을 못하는 경우가 많습니다. 그러나 하나님 아버지는 전능하시기에 그가 약속하신 것을 능히 이루실 수가 있습니다. 우리는 전능하신 아버지 하나님을 믿습니다.

우리는 하나님께서 예수 그리스도 안에서 약속하신 그 큰 구원을 그가 약속하신 대로 이루실 줄을 믿습니다.

요한일서 1장 9절에서 말씀하였습니다.

"만일 우리가 우리 죄를 자백하면 저는 미쁘시고 의로우사 우리 죄를 사하시고 모든 불의에서 깨끗케 하실 것이요."

우리가 믿는 하나님은 전능하신 분이시기에 우리가 거룩한 길을 걸을 수 있도록 인도하실 것을 믿습니다.

데살로니가전서 5장 24절에 "너희를 부르시는 이는 미쁘시니 그가 또한 이루시리라"라고 했습니다.

하나님은 전능하시기에 우리의 기도를 들으실 뿐 아니라 실행하시는 분이심을 믿습니다.

요한복음 14장 13-14절에서 주님은 말씀하였습니다.

"너희가 내 이름으로 무엇을 구하든지 내가 시행하리니 이는 아버지로 하여금 아들을 인하여 영광을 얻으시게 하려 함이라 내 이름으로 무엇이든지 내게 구하면 내가 시행하리라."

그리고 보면 전능하신 아버지를 믿는 자는 얼마나 행복한 것입니까? 이것을 고백하면서 감사하며 그 신앙으로 살아가는 모두가 되시기를 기원합니다.

제 3 장

천지를 지으신 하나님

히브리서 11:3-6

믿음으로 모든 세계가 하나님의 말씀으로 지어진 줄을 우리가 아나니 보이는 것은 나타난 것으로 말미암아 된 것이 아니니라. 믿음으로 아벨은 가인보다 더 나은 제사를 하나님께 드림으로 의로운 자라 하시는 증거를 얻었으니 하나님이 그 예물에 대하여 증거하심이라. 저가 죽었으나 그 믿음으로써 오히려 말하느니라. 믿음으로 에녹은 죽음을 보지 않고 옮기었으니 하나님이 저를 옮기심으로 다시 보이지 아니하니라. 저는 옮기우기 전에 하나님을 기쁘시게 하는 자라 하는 증거를 받았느니라. 믿음이 없이는 기쁘시게 못하나니 하나님께 나아가는 자는 반드시 그가 계신 것과 또한 그가 자기를 찾는 자들에게 상주시는 이심을 믿어야 할지니라.

천지를 지으신 하나님

사도신경은 하나님 아버지를 하늘과 땅을 창조하신 분 (Maker of heaven and earth)이라고 고백합니다. 이와 같이 고백하는 것은 무엇을 의미합니까?

1. 하나님은 우주 실체의 근원 곧 창조주입니다.

우리가 하나님을 창조주로 고백하는 것은 그 분을 생명의 근원이라고 고백하는 것입니다. 따라서 우리 그리스도인은 우주의 발생에 있어 진화론을 믿지 않습니다. 우리 그리스도인은 이 우주를 하나님이 창조하셨다고 믿습니다.

진화론적 우주관에서는, 본래부터 물질이 있었고, 그 물질이 긴 세월을 두고 형태만 점진적으로 발전성 있게 변해 왔다고 봅니다.

헬라의 어떤 철학에서는, 건축가가 이미 있는 재료를 가지고 집을 짓듯이 신이 이미 존재하고 있던 물질로 천지를 만들었다고 생각합니다. 즉, 창조하신 것이 아니라 이미 존재하고 있던 것을 형태와 양상만 다르게 조형(造形)한 것이라는 것입니다.

그러나 히브리 사람들, 곧 우리 그리스도인의 우주관은 그렇지 않습니다. 그들은 직접 하나님께서 무(無)에서 유(有)를 만드셨다고, 즉 '창조'를 하셨다고 믿습니다.

진화론적 견지에서는 물질에서 물질이 만들어진 것입니다. 물질이 변해서 또 다른 물질로 바꾸어졌을 뿐입니다. 즉 유(有)에서 유(有)가 나온 것입니다. 창조론과 진화론은 여기에서 결정적인 차이가 있습니다.

이 같은 자연발생적 우주관에서 보면, 천지는 원인이 없이 우연하게 자연히 이루어진 것이 됩니다. 그리고 생존경쟁, 약육강식, 적자생존의 과정을 수없이 거치면서 지금과 같은 형태로 발전해왔다는 것입니다. 즉, 원인 없는 자연의 변화를 말하는 것입니다.

그러나 창조론은 그렇지 않습니다.

우주가 있기 전부터 하나님께서 계시고, 그 인격이 먼저 있었습니다. 보이는 세계가 있기 전에 보이지 않는 것이 있었습니다. 다시 말하면, 먼저 인격이 있어서 그 인격으로 말미암아 천지 만물이 창조되었다고 주장하는 것입니다.

성경 히브리서 11장 3절을 읽어보면 잘 알 수 있습니다.

"믿음으로 모든 세계가 하나님의 말씀으로 지어진 줄을 우리가 아나니 보이는 것은 나타난 것으로 말미암아 된 것이 아니니라."

성경은 창세기 1장에서 우주 창조에 관하여 자세히 설명하고 있습니다. 창세기 1장을 히브리어 원문으로 보면 잘 알 수 있습니다.

거기에는 '창조'의 뜻인 '바라'라고 하는 단어가 동사로 세 번 나옵니다.

1절, "천지를 창조하시니라"의 '창조'입니다.

21절, 동물을 "그 종류대로 창조하시니"의 '창조'입니다.

그리고 27절의 "하나님의 형상대로 사람을 창조하시되"의 '창조'입니다.

첫 번째의 창조는 무(無)에서 유(有)로의 비약입니다.

두 번째 창조는 무기체에서 유기체로의 비약입니다.

세 번째 창조는 유기체에서 인격체로의 비약입니다.

그런데 진화론에서 설명하지 못하는 이 세 단계의 비약에 대하여 성경은 이미 '바라' 라는 말을 쓰고 있는 것입니다.

'바라' 라는 말은 바로 '창조하다(create)' 라는 뜻입니다. 이것은 무에서 유를 낳는 '창조' 인 것입니다.

창세기 1장에는 이 '바라' 라는 말 외에도 만든다는 뜻의 '아샤' 라는 말이 쓰이고 있습니다. 이는 '만들다(make)' 에 해당하는 말입니다.

성경을 유념하여 읽어보면 '창조' 라는 말과 '만들다' 라는 말이 구별되어 쓰이고 있음을 알 수 있습니다.

여기 '창조' 라는 단어는 천지를 지으실 때와 동물을 지으실 때, 그리고 사람을 지으실 때에만 쓰였습니다.

그 밖에는 전부 '만드신' 것으로 되어 있습니다. 다시 말하면, 창조 이후로 이미 있게 된 재료들을 써서 단계적으로 만들어 나가셨던 것입니다. 성경말씀은 이렇듯 오묘합니다.

성경은 진화론이 세상에 등장하기 훨씬 이전에 쓰여진 책입니다. 그런데도 성경은 진화론을 생각하는 사람들에게조차 신비롭고도 오묘하게 단계적으로 설명되어 있어서 말끝마다 과학을 운운하는 사람들의 말문을 닫게 하는 것입니다.

창세기는 이렇게 시작합니다. "태초에 하나님이 천지를 창조하시니라"(창 1:1).

여기서 '하늘'과 '땅'이 지니는 의미는 매우 중요한 것입니다. 히브리 사람들에게 '하늘'이라는 말은 단순히 푸른 하늘을 가리키는 것이 아닙니다. 보이지 않는 세계(invisible world), 곧 영계(靈界)를 가리킵니다. 그리고 '땅'은 단순히 땅만을 가리키는 것이 아니고 물질의 세계 전반을 뜻합니다. 성경에서 '하늘 위의 하늘'과 '하늘 아래 하늘'로 갈라 말씀하는 것은 그 때문입니다.

이렇듯 하나님께서는 보이지 않는 세계, 천사의 세계, 영의 세계도 창조하셨을 뿐 아니라, 보이는 세계, 물질의 세계도 창조하신 것입니다.

2. 하나님께서 사람도 창조하였습니다.

간혹 생명을 하나의 과정(process)으로 보려 하는 사람들이 있기도 합니다. 생명은 과정이며, 시작도 끝도 없는 사이클인 윤회(輪廻)의 한 과정이라고 주장하는 학자들도 있습니다.

그러나 이런 사상은 잘못된 것입니다. 생명은 시작이 있고 끝이 있고 심판이 있는 것입니다. 그리고 하나님께서 주관하십니다. 시작이 있고 끝이 있기에 사람에게는 책임이 주어졌습니다. 인간은 책임자로 지음 받았습니다. 목적은 언제나 하나님께 있습니다. 하나님은 창조주시요 우리는 피조물입니다. 여기에 오묘한 뜻이 있습니다.

인간이 어떤 존재입니까?

하나님께서는 우리 인간을 복합체로 창조하셨습니다. 사람의 몸에는 광물성도 있고, 동물성도 있고, 식물성도 있습니다. 인간을 보면 하나님의 창조가 얼마나 오묘한 것인지를 실감할 수 있습니다.

하나님께서 흙으로 인간의 몸을 빚으셨다고 성경은 말씀합니다. 이렇듯 인간은 흙에서 났습니다. 그리고 흙에서 살다가 흙으로 돌아갑니다. 그것이 인간의 육신입니다.

"흙으로 사람을 지으시고"(창 2:7).

여기 지으셨다는 것은 '바라(창조)'가 아니라 '아샤(만드심)'입니다. 육체는 흙으로 지으시고(아샤), 사람은 하나님의 형상대로 창조(바라)하신 것입니다(창 1:27).

몸은 만들어진 것이요, 사람은 창조된 것입니다.

앞에서 살핀 것과 같이 창세기 1장이 그 원리를 말씀해 줍니다. 몸은 이미 있던 재료를 가지고 '만들어진' 부분입니다.

그러나 창조된 부분인 '사람'은 하나님께로부터 직접 부여 받은 생명입니다.

성경은 하나님의 형상대로 사람을 창조하셨다고 함으로 인간의 가치를 말씀하고 있습니다. 분명히 우리는 동물성을 지녔습니다. 동물적 본능도 가졌습니다. 그럼에도 불구하고 우리는 사람입니다. 창조된 부분이 있어서 '사람'인 것입니다.

따라서 우리의 생명은 그 자체가 하나님의 선물이며, 우리의 나날의 삶도 하나님께서 허락하셔서 가능한 것입니다.

그러므로 우리는 날마다 때마다 하나님께 생명 주심을 감사해야 합니다. 생명의 근원이신 하나님께 의존하는 것이야말로 피조물 된 인간이 취할 바른 삶의 자세이며, 예배자의 마음가짐입니다.

다시 말하면, 예배의 기본은 하나님을 인정하고 하나님께 의지하는 것인데, 창조론에서 이미 그 싹이 나타나 있다는 것입니다.

3. 기독교 신자는 피조물을 신격화하면 안 됩니다.

인간은 창조시에 하나님께로부터 문화명령(cultural mandate)을 받음으로 말미암아 다른 그 어떤 피조물보다 더 탁월한 존재가 되었습니다.

그것은 바로 창세기 1장 28절에 잘 드러나 있습니다.

"하나님이 그들에게 복을 주시며 그들에게 이르시되 생육하고 번성하여 땅에 충만하라 땅을 정복하라 바다의 고기와 공중의 새와 땅에 움직이는 모든 생물을 다스리라 하시니라."

이와 같이 인간은 창조주의 특별한 복을 받은 피조물입니다. 그러나 인간은 신이 아닙니다. 하나님의 피조물입니다. 피조물된 인간이 창조주 반열에 위치해서는 안 됩니다. 또한 어떤 피조물도 신격화해서는 안 됩니다. 하나님은 오로지 창조주 하나님뿐입니다.

하나님은 십계명에서 이를 명확히 하고 있습니다.

출애굽기 20장 4-5절을 읽겠습니다.

"너를 위하여 새긴 우상을 만들지 말고 또 위로 하늘에 있는 것이나 아래로 땅에 있는 것이나 땅 아래 물 속에 있는 것의 아무 형상이든지 만들지 말며 그것들에게 절하지 말며 그것들을 섬기지 말라."

이러한 점에서, 기독교의 신관은 모든 물체 안에 신이 존재한다고 주장하는 범신론(Pantheism)의 신관과는 구별됩니다.

4. 신자는 창조주를 신뢰함으로 두려움 없이 살게 됩니다.

하나님의 우주 창조를 믿는 것은 이 세계가 하나님의 소유임을 인정하는 것입니다. 엄밀한 의미에서는 세계나 내가 가지고 있는 것들은 나의 것이 아닙니다. 하나님의 것입니다. 이 세계는 하나님이 운영하고 계십니다.

그러기에 우리는 청지기로서 그것들을 가꾸고 관리하는 책임이 있는 것입니다.

성도 여러분!

하나님께서는 창조하신 것을 보시기에 좋다고 하셨습니다(창 1:31, 딤전 4:4).

그러므로 우리는 이 우주를 좋은 것으로 간직하며 관리하는 책임을 지니고 있습니다. 우리가 환경을 파괴하여서는 안 됩니다.

우리는 하나님의 청지기로서 우주의 주인이신 하나님의

뜻대로, 하나님이 원하시는 대로 관리하고 활용하여야 합니다.

동시에, 이 사도신경에서 고백하고 있는 창조의 교리는 역사의 주인이 하나님이요 역사의 목적이 하나님께 있음을 의미합니다. 따라서 창조주 하나님을 믿는 신자는 이 우주의 주인과 섭리자이신 하나님 아버지를 신뢰하며 두려움 없이 살아갑니다. 이 엄숙한 믿음 안에서 우리는 평안을 누릴 수 있습니다.

하나님께서 선장이 되어 주심으로 우리는 그 배 안에서 평안할 수 있습니다. 주인 없는 배, 방향 없는 항해라면 생각만 해도 무서운 일입니다. 우리가 잠시 깜빡하는 사이에도 역사는 하나님의 손에 붙들려서 의연히 흘러가고 있습니다. 그렇게 오늘에까지 진행하여 왔고, 앞으로도 그렇게 진행되어 끝에 이를 것입니다. 그러기에 우리는 안심할 수 있습니다.

이 지구는 하나님께서 운전하십니다. 하나님께서 역사의 주인이시요, 심판주이십니다. 우리는 이 믿음 안에서 안도합니다. 그리고 이에 따르는 모든 책임을 다해야 하는 것입니다.

그러나 진화론적 우주관은 목적이 없습니다. 그들은 유물

주의적 경향으로 기울어지지 않을 수 없습니다. 그리고 미래에 대한 보장이 없습니다. 과거가 자연적으로 이루어졌듯이 미래도 자연적으로 이루어질 것이라는 결론밖에 나오지 않습니다. 약육강식과 생존경쟁을 거치고 거쳐 오늘이 있어온 것과 같이 미래도 그러한 과정이 되풀이 될 뿐이라는 결론밖에 나오지 않습니다. 목적 없이 마치 키가 없고 돛대도 없는 배를 타고 망망대해에 나온 것과 같다는 이론이 진화론적 우주관입니다.

그러나 우리는 우주가 절대로 그렇지 않다는 것을 알고 있습니다. 우주가 생성된 데는 목적이 없을 수 없습니다. 목적은 분명히 있는 것입니다. 창조의 진리는 그 목적을 말해 줍니다. 하나님의 섭리와 그 뜻을 말하고, 하나님께서 이루시는 마지막 심판을 밝히 보여줍니다.

우리는 하나님 아버지의 집에 살고 있는 것입니다. 하나님이 우주를 주관하고 계십니다. 그러기에 하나님의 뜻을 따르는 한 우리는 안전하다고 느끼며 사는 것입니다.

그리스도인은 새로워질 세계를 대망하며 소망 가운데 살아갑니다.

사도 바울의 고백을 들어 보십시오.

로마서 8장 18-21절과 28절에서 다음과 같이 말씀합니다.

“생각건대 현재의 고난은 장차 우리에게 나타날 영광과 족히 비교할 수 없도다. 피조물의 고대하는 바는 하나님의 아들들의 나타나는 것이니 피조물이 허무한 데 굴복하는 것은 자기 뜻이 아니요 오직 굴복케 하시는 이로 말미암음이라 그 바라는 것은 피조물도 썩어짐의 종노릇 한 데서 해방되어 하나님의 자녀들의 영광의 자유에 이르는 것이니라”(롬 8:18-21).

“우리가 알거니와 하나님을 사랑하는 자 곧 그 뜻대로 부르심을 입은 자들에게는 모든 것이 합력하여 선을 이루느니라”(롬 8:28).

우리는 이러한 이해와 믿음을 가지고 담대히 고백하는 것입니다.

“나는 전능하사 천지를 만드신 하나님 아버지를 믿습니다.”

그 외아들 예수

히브리서 1:1-3

옛적에 선지자들로 여러 부분과 여러 모양으로 우리 조상들에게 말씀하신 하나
님이 이 모든 날 마지막에 아들로 우리에게 말씀하셨으니 이 아들을 만유의 후사
로 세우시고 또 저로 말미암아 모든 세계를 지으셨느니라. 이는 하나님의 영광의
광채시요 그 본체의 형상이시라. 그의 능력의 말씀으로 만물을 붙드시며 죄를 정
결케 하는 일을 하시고 높은 곳에 계신 위엄의 우편에 앉으셨느니라.

그 외아들 예수

사도신경은 이어서 고백합니다.

"나는 하나님의 외아들 우리 주 예수 그리스도를 믿습니다."

사도신경의 구도를 보면, 예수 그리스도에 대한 고백이 중심에 놓여 있습니다. 예수 그리스도에 대한 주장이 사도신경에 나타난 믿음의 중심입니다. 그것은 예수 그리스도를 떠나서는 삼위일체나, 구원, 영생에 대하여 알 수가 없기 때문입니다. 이런 모든 진리를 나타내 보여 주신 분이 바로 예수 그리스도입니다.

그러면 사도신경에서 예수 그리스도를 어떻게 소개하고

있는지를 살펴보기로 합니다.

1. 예수님은 하나님의 외아들입니다.

사도신경은 예수를 그 '외아들' 곧 '하나님의 아들' 이라고 고백합니다. 이 말이 뜻하는 바는 예수님도 하나님이라는 뜻입니다.

1-1. 예수님은 하나님의 아들입니다.

마태복음 14장 25-33절을 보면, 제자들이 예수님이 풍랑이 심한 갈릴리 바다를 걸어오시는 것을 보고는 놀라 절하며 말하였습니다.

"당신은 참으로 하나님의 아들이십니다."

이와 같이 하나님의 아들이라는 표현은 그가 하나님이라는 뜻입니다.

사도신경은 예수가 성령으로 잉태하여 동정녀 마리아에게서 나실 뿐 아니라, 죽은 자 가운데서 다시 살아나시며 하늘에 오르셨다고 표현하고 있습니다. 특히 예수님의 부활 사건은 능력으로 그가 하나님의 아들이심을 인정하였습니다.

로마서 1장 3-4절에도 이와 같이 말씀합니다.

"이 아들로 말하면 육신으로는 다윗의 혈통에서 나셨고 성결의 영으로는 죽은 가운데서 부활하여 능력으로 하나님의 아들로 인정되셨으니 곧 우리 주 예수 그리스도시니라."

1-2. 예수님은 하나님의 독생자입니다.

기억할 것은 예수님이 아버지의 외아들이라는 것입니다. 많은 아들 가운데 하나가 아니라 외아들(only son, the son)로, 아버지와 유일한 관계를 가진 삼위일체 하나님의 일위인 것을 고백하는 것입니다.

요한복음 1장 1-3절, 14절에서 사도 요한은 이런 사실을 힘차게 증거하고 있습니다.

"태초에 말씀이 계시니라 이 말씀이 하나님과 함께 계셨으니 이 말씀은 곧 하나님이시니라. 그가 태초에 하나님과 함께 계셨고 만물이 그로 말미암아 지은 바 되었으니 지은 것이 하나도 그가 없이는 된 것이 없느니라."(1-3절)

"말씀이 육신이 되어 우리 가운데 거하시매 우리가 그 영광을 보니 아버지의 독생자의 영광이요 은혜와 진리가 충만하더라."(14절)

예수님 자신도 마태복음 11장 27절에서 "나와 아버지는 하나이다" 또는 "아버지 이외는 아들을 아는 자가 없고 아들 이외에는 아버지를 아는 자가 없다"고 말씀하고 있습니다.

이와 같이 예수님은 삼위일체 하나님의 한 분이십니다.

요한복음 5장 23절에 있는 주님의 말씀은 이를 힘 있게 뒷받침하고 있습니다.

"이는 모든 사람으로 아버지를 공경하는 것 같이 아들을 공경하게 하려 하심이라 아들을 공경치 아니하는 자는 그를 보내신 아버지를 공경치 아니하느니라."

예수님은 하나님의 외아들(only son, the son)로서 세상에서 하나님을 대표(the representative)하며, 하나님의 계시를 지닌 자였습니다. 특히, 그 분은 자신의 지상 선교에서 하나님을 계시하셨습니다.

히브리서 1장 1-3절은 이런 사실을 증거하고 있습니다.

"옛적에 선지자들로 여러 부분과 여러 모양으로 우리 조상들에게 말씀하신 하나님이 이 모든 날 마지막에 아들로 우리에게 말씀하셨으니 이 아들을 만유의 후사로 세우시고 또 저로 말미암아 모든 세계를 지으셨느니라. 이는 하나님의 영광의 광채시요 그 본체의 형상이시라 그의 능력의 말씀으로 만물을 붙드시며 죄를 정결케 하는 일을 하시고 높은 곳에 계신 위엄의 우편에 앉으셨느니라.”

1-3. 기독교는 일신론과 아리안주의를 배격합니다.

기독교는 이 고백을 통하여 예수가 하나님이심을 부정하는 일신론(Unitarianism)이나 아리안주의(Arianism)와 같은 이단 사상을 배격합니다.

다시 말해서, 기독교는 이단 종파에서 말하듯이 예수를 단순히 하나님의 영감을 받은 훌륭한 인간에 그칠 뿐이라고 믿지 않는다는 것입니다.

또한 예수님은 4세기에 일어났던 아리안주의(Arianism)가 말하는 것처럼, 인간을 훨씬 능가하는 분이기에 예의상 ‘신’ 이라고 일컬어지는 어떤 최상 최고의 피조물에 그치는 분이 아닙니다.

결론적으로, 우리가 분명히 알 것은 예수님은 어제나 오늘이나, 하나님의 외아들로서 아버지가 그렇듯이 완전한 하나님이신 것입니다. 예수님은 하나님 아버지와 함께 우리의 예배를 받으시며 사랑을 받으시는 하나님이십니다.

2. 그의 이름은 예수입니다.

사도신경은 그리스도를 예수라고 칭함으로, 그 하나님이 인간으로 오신 것을 고백합니다.

2-1. 예수라는 이름은 '하나님은 구세주'라는 의미입니다.

이 이름은 히브리어로 '여호수아'에 해당되는 뜻으로, 구약과 신약 시대에서 잘 알려진 이름이었습니다. 구약에서 모세를 이어서 가나안을 정복하여 출애굽을 완성한 눈의 아들 여호수아를 비롯하여 많은 사람이 그 이름을 가지고 있었습니다. 그래서 이 이름은 잘 알려진 이름이었습니다. 그리기에 사람들은 '예수' 하면 역사적인 인간으로 쉽게 받아들일 수 있었습니다. 그는 완전한 인간성을 지닌 '예수님'이었습니다. 그리고 그 칭호는 하나님께서 주신 이름입니다.

이는 누가복음 1장 30-31절에서와 34-35절에 기록되어 있습니다.

"천사가 일러 가로되 마리아여 무서워 말라 네가 하나님께 은혜를 얻었느니라. 보라 네가 수태하여 아들을 낳으리니 그 이름을 예수라 하라 … 마리아가 천사에게 말하되 나는 사내를 알지 못하니 어찌 이 일이 있으리이까 천사가 대답하여 가로되 성령이 네게 임하시고 지극히 높으신 이의 능력이 너를 덮으시리니 이러므로 나실 바 거룩한 자는 하나님의 아들이라 일컬으리라.”

2-2. 하나님이 인간으로, 임마누엘로 오셨습니다.

사도 요한은 이를 도성인신(incarnation)으로 설명하였습니다.

요한복음 1장 14절 말씀을 보십시오.

“말씀이 육신이 되어 우리 가운데 거하시매 우리가 그 영광을 보니 아버지의 독생자의 영광이요 은혜와 진리가 충만하더라.”

이처럼 그리스도는 참 사람, 즉 역사적인 사람이었습니다.

예수님은 참 사람으로서 나사렛 출신입니다. 마리아의 아들로 유대인 목수였습니다. 랍비로 3년간 활동하였습니다. 주후 30년경 로마 관원에 의하여 십자가에 못 박혀 돌아가신 분입니다. 신약성경의 4개의 복음서가 그의 행적을 비교적 상세히 기록하고 있습니다.

이를 사도신경은 “이는 동정녀 마리아에게서 나시고 본

디오 빌라도에게 고난을 받으사 십자가에 못 박혀 죽으시고 장사 지낸 바 되었다”고 요약하여 고백하고 있습니다.

여기에 마리아에게서 나셨다는 것은, 그가 완전한 인간성을 지녔다는 것을 말해 주는 것입니다.

더 나아가서, 당시 잘 알려진 인물인 빌라도의 이름을 거명하며 예수의 생을 그와 연관시킨 것은 보다 구체적으로 역사 안에 사셨다는 것을 강조한 것입니다. 또한 예수님의 완전한 인간성을 강력하게 부각시켜 주는 것입니다. 참으로 예수님은 완전한 인간성을 가진 역사적인 인물이었습니다.

사도 바울은 갈라디아서 4장 4-5절에서 다음과 같이 증언합니다.

“때가 차매 하나님이 그 아들을 보내사 여자에게서 나게 하시고 율법 아래 나게 하신 것은 율법 아래 있는 자들을 속량하시고 우리로 아들의 명분을 얻게 하려 하심이라.”

사도신경은 예수님께서 동정녀 마리아에게서 나시고 본디오 빌라도에게 고난을 받으셨다고 강조하여 고백하고 있습니다.

이렇게 고백함으로써 신학 세계에 유행하고 있던 영지주의(Gnosticism)의 주장을 반박하고 있습니다. 곧 예수님의 인간성은 진짜가 아니고 가현적일 뿐이라는, 곧 인간처럼 보인 것뿐이라는 주장을 퇴치합니다.

또한 더 나아가서 구원을 탈 인간화라며 신화적으로 몰고 가려는 경향을 깨뜨리고 있는 것입니다.

우리가 기억할 것은 기독교에서 말하는 구원은 예수 그리스도의 역사적인 생과 분리할 수가 없다는 것입니다.

사도신경에서 예수님이 고난을 당하시고, 십자가에서 죽으시고, 장사 지낸 바 되었다고 한 것은, 예수님의 역사성을 더욱 강하게 뒷받침합니다. 이는 예수님이 인간이시되, 인생들이 겪는 삶의 일부만 체험하신 것이 아니라, 죽음, 장사 지냄, 곧 완전한 죽음까지 맛보셨다는 것을 고백하고 있는 것입니다. 이것은 예수님을 완전한 인성을 지니신 분으로 강조하는 것입니다.

그러나 예수님은 하나님이 함께 하시는 분 곧 '임마누엘'로 오셨습니다. 그리하여 예수님이 이 지상에서 거닐 때 하나님이 함께 하시는 존재로서 첫째 아담과는 달리 실패가 아니라 승리의 생을 걸으셨습니다.

여기에 우리에게 주는 세 가지의 교훈과 격려, 그리고 도전이 있습니다.

첫 번째로, 우리가 이 세상에서 의롭게 살기 위하여 고난을 당하는 것을 이상하게 생각하지 말아야 합니다. 예수님께서 고난을 당하셨기 때문입니다. 이는 우리에게 위로가 됩니다.

두 번째로, 주님이 걸어가심은 동시에 예수를 주님이라고 부르는 우리들이 어떻게 걸어가야 하는가를 제시하여 주신 것입니다.

요한일서 2장 6절에서 말씀하십니다.

"저 안에 거한다 하는 자는 (곧 예수를 믿는다고 하는 자는) 그의 행하시는 대로 자기도 행할지니라."

세 번째로, 예수님의 걸으심은 주님이 그랬듯이 우리도 하나님과 함께 걸어가면 승리할 수 있다는 격려가 됩니다.

예수님께서 요한복음 16장 33절에서 친히 말씀하셨습니다.

"이것을 너희에게 이름은 너희로 내 안에서 평안을 누리게 하려 함이라 세상에서는 너희가 환난을 당하나 담대하라 내가 세상을 이기었노라 하시니라."

2-3. 예수님은 동정녀 마리아에게서 태어났습니다.

그러면 예수님도 우리들과 같이 죄인이었는가? 하는 질

문이 나옵니다. 그에 대한 성경적인 대답은 예수님은 완전한 인간성을 지녔으나 죄인은 아니라는 것입니다.

사도신경은 이에 대하여 "이는 성령으로 잉태하사 동정녀 마리아에게서 나셨다"는 말로 표현하고 있습니다. 예수님은 성령으로 잉태하사 동정녀, 즉 처녀에게서 나셨다는 것입니다. 그러기에 아담으로부터 유전되어 오는 죄성, 곧 원죄가 없다는 것입니다.

여기에서 동정녀 탄생을 믿느냐? 안 믿느냐? 하는 문제가 나옵니다. 예수님의 탄생은 710년 전에 이사야 선지자가 이사야 7장 14절에서 말씀한 것을 이루신 것입니다.

"그러므로 주께서 친히 징조로 너희에게 주실 것이라 보라 처녀가 잉태하여 아들을 낳을 것이요 그 이름을 임마누엘이라 하리라."

여기에 '처녀'라는 히브리말은 아르마(עַלְמָה)인데, 이 낱말의 뜻은 처녀 또는 젊은 여자입니다. 그래서 어떤 학자들은 동정녀 탄생이 아니라 젊은 여자, 곧 기혼자에게서 나셨다고 볼 수 있다고 하여, 동정녀 탄생을 부정합니다.

그러나 우리는 그 말이 그 당시 고대에 어떻게 이해되었느냐를 살펴봐서, 그 말이 그 당시 의미한 바가 어떤 것인가를 알아내야 합니다. 이런 점을 고려하지 않으면, 해석에 큰 차질을 가져옵니다.

예를 들면, 필자가 미군 부대에 통역으로 있을 때, 한번은 미국 장교가 옆에 있는 한국 농부를 향하여 "Who is this guy?"라고 나에게 물었습니다. 영어실력이 부족한 나는 곧 사전을 찾아보았습니다. 사전은 'guy'란 말은 '놈'을 뜻한다고 정의하고 있었습니다. 그래서 나는 미군 장교가 한국 농부를 경멸했다고 생각이 되어 몹시 불쾌했던 일이 있었습니다. 그런데 내가 미국에 살면서 알고 보니까, 그 말은 미국 일반 사회에서는 그렇게 경멸하는 말이 아니라 친구를 향하여 흔히 쓰는 말이라는 것을 알게 되었습니다.

이와 같이 우리는 한 낱말의 문자적 뜻이 그 당시 그 사회에서 어떤 의미로 사용되었는가를 살핌으로써 그 말이 의미하는 바를 바르게 이해하도록 하여야 합니다.

그러면 고대에 이 아르마(עַלְמָה)를 어떻게 사용하였을까요? 이 말을 70인역(LXX)에서 헬라어로 번역할 때에 '파라테노스(παρθένος)'라고 번역을 하였습니다. 이 낱말의 뜻은 처녀, 동정녀를 가리킵니다. 그러므로 그 말은 그 당시 동정녀를 지칭한 것으로 이해하는 것이 타당할 것입니다.

학자들의 연구 결과, 역사적 문헌으로 고찰하여 볼 때 예수의 탄생은 동정녀 탄생이 분명하다는 것입니다. 그럼에도 불구하고 못 믿는 것은 자신의 불신앙 때문인 것입니다.

어떤 여 목사의 변론을 들은 적이 있습니다. 예수님이 이스라엘 종교 지도자들에게 고소당한 죄목은 예수가 하나님의 아들이라고 증언한 것 때문이었고, 그래서 십자가의 형까지 지게 되었던 것인데, 그렇다면 예수 자신이나 마리아가 예수는 로마 병정의 아들이라고 증언하면 그 형을 면하게 되지 않았겠느냐는 것입니다. 그런데 바로 그런 위기에 어머니 된 마리아가 어찌하여 침묵을 지킬 수 있었냐는 것이지요. 이는 마리아가 예수님이 사람의 아들이 아니라 하나님의 아들인 것을 확신하고 있었다는 강한 증거가 된다는 것입니다.

혹시, 동정녀 탄생 같은 일이 어떻게 가능 하느냐고 반문할지 모릅니다. 그러나 우리가 기억할 것은 하나님은 창조의 하나님이라는 것입니다. 그러기에 창조의 하나님의 영으로 이루어질 수 있다고 믿는 것입니다. 또한 오늘의 과학자들은 그런 일이 얼마든지 가능하다고 말합니다.

결론적으로, 예수님은 사도신경에서 고백하고 있는 대로 참 하나님이시요 참 사람이시되, 죄는 없으신 분이십니다.

제 5 장

우리 주 예수 그리스도

로마서 3:23-26

모든 사람이 죄를 범하였으매 하나님의 영광에 이르지 못하더니, 그리스도 예수 안에 있는 구속으로 말미암아 하나님의 은혜로 값없이 의롭다 하심을 얻은 자 되었느니라. 이 예수를 하나님이 그의 피로 인하여 믿음으로 말미암는 화목제물로 세우셨으니 이는 하나님께서 길이 참으시는 중에 전에 지은 죄를 간과하심으로 자기의 의로우심을 나타내려 하심이니.

우리 주 예수 그리스도

사도신경은 또한 예수님을 "우리 주 예수 그리스도를 믿사오니"라고 고백합니다. 이 고백은 다음과 같은 의미입니다.

1. 예수님은 그리스도이십니다.

그리스도란 말은 예수님의 직함이라고도 할 수 있습니다.

그리스도라는 헬라어 '크리스토스(Χριστός)'는 '기름부음을 받았다'는 의미로, 구약의 메시아를 희랍어로 번역한 것입니다.

구약에 의하면, 메시아란 이스라엘에서는 기름부음을 받

은 제사장, 예언자를 나타낼 뿐 아니라, 무엇보다도 왕과 같은 지위에 있는 왕을 지칭합니다.

이는 무엇을 의미합니까?

예수님은 그리스도 곧 제사장, 선지자, 왕으로서 우리 인간이 하나님과 바르고 좋은 관계를 회복하는데 요구되는 것을 다 가능케 하는 분이라는 것입니다.

그 이름의 의미 그대로 우리 인간의 주님 되시기에 부족함이 없으신 분임을 사도신경은 고백하는 것입니다.

1.1. 예수님은 선지자의 직책을 지녔습니다.

우리는 하나님에 대하여 무지하기 때문에 배울 필요가 있습니다. 잘 알지 못하면 바른 길을 걸을 수가 없습니다.

이에 예수님이 선지자로 참 길을 가르쳐 주었습니다. 우리가 앞에서 인간으로서의 예수님에 대하여 생각하여 보았듯이, 예수님은 그의 가르침과 생애를 통하여 우리가 걸어가야 할 길을 보여 주셨습니다.

또한 승리하는 길을 보여 주었습니다. 그리고 우리를 진리로 인도하십니다.

예수님이야말로 참 선지자이십니다. 예수님의 가르침의 위대함을 체험한 신자는 예수를 향하여 나의 선생, 선지자 곧 그리스도라고 고백하는 것입니다.

요한일서 2장 6절에서 말씀합니다.

"저 안에 거한다 하는 자는 그의 행하시는 대로 자기도 행할지니라."

이처럼 우리 신자들은 주 예수님께서 가르쳐 주신 대로 그의 뒤를 따르는 제자의 삶을 살아가야 할 것입니다.

1-2. 예수님은 제사장의 직책을 지녔습니다.

우리 인간들이 죄를 범함으로 하나님과 불화의 관계에 있기 때문에 화해가 필요합니다.

아담과 하와가 죄를 범하고 무화과나무로 그 수치를 가렸는데, 그것으로 가려질 리가 없었습니다. 이것을 보신 하나님께서는 창세기 3장 21절에서 알 수 있듯이 죄 없는 짐승을 잡으사 피를 내시고 가죽옷으로 그 수치를 가려주셨습니다.

그 이후 인간은 하나님 앞에 설 때에 피의 제사를 드려야 했습니다. 이는 아담의 아들 아벨의 더 나은 피의 제사 사건에서 보게 됩니다. 그는 하나님이 예배를 받으시는 행복을 경험할 수 있었습니다.

사람은 하나님으로부터 용서받고 화해하지 않고는 행복

할 수가 없습니다. 그런데 그것이 어떻게 가능합니까?

사도신경은 이를 위하여 예수가 십자가에 못 박혀 죽으셨다고 표현합니다. 그뿐만 아니라, 하늘에 오르사 하나님 우편에 앉아 계신다고 표현합니다.

예수님이 십자가에서 우리들의 죄를 대신하여 형벌을 받으시며, 하나님 앞에 새 언약이 되셨기에, 곧 예수님이 대제사장으로서 친히 화목제물이 되심으로써 이를 가능케 하였습니다.

그뿐만 아니라, 예수님은 지금도 하나님 우편에 계시어 대언자로 중보의 기도를 드리는 제사장이라는 말씀입니다.

성경은 로마서 3장 23-26절에서 말씀합니다.

"모든 사람이 죄를 범하였으매 하나님의 영광에 이르지 못하더니 그리스도 예수 안에 있는 구속으로 말미암아 하나님의 은혜로 값없이 의롭다 하심을 얻은 자 되었느니라 이 예수를 하나님이 그의 피로 인하여 믿음으로 말미암는 화목제물로 세우셨으니 이는 하나님께서 길이 참으시는 중에 전에 지은 죄를 간과하심으로 자기의 의로우심을 나타내려 하심이니 곧 이 때에 자기의 의로우심을 나타내사 자기도 의로우시며 또한 예수 믿는 자를 의롭다 하려 하심이니라.”

그러므로 우리가 어떤 죄를 지었든지 간에 그 죄를 회개하고 믿는 자는 하나님과 화해되어 하나님의 자녀가 되는 것입니다.

성경은 요한일서 2장 1-2절에서 증언합니다.

“나의 자녀들아 내가 이것을 너희에게 씀은 너희로 죄를 범치 않게 하려 함이라. 만일 누가 죄를 범하면 아버지 앞에서 우리에게 대언자가 있으니 곧 의로우신 예수 그리스도시라. 저는 우리 죄를 위한 화목제물이니 우리만 위할 뿐 아니요 온 세상의 죄를 위하심이라.”

요한일서 1장 9절에서도 말씀합니다.

“만일 우리가 우리 죄를 자백하면 저는 미쁘시고 의로우사 우리 죄를 사하시며 모든 불의에서 우리를 깨끗케 하실 것이요.”

그러기에 사도신경은 예수님에 대하여 그리스도요 나의 구주라고 고백하게 된 것입니다.

1-3. 예수님은 왕의 직책을 지녔습니다.

우리는 하나님을 위한 삶을 영위하는 데 있어서 너무나 연약하고 어리석습니다.

우리는 주변에 있는 악의 세력을 두려워합니다. 구약시대에 백성들이 그러한 환경에서 헤매고 두려워할 때에 권위 있는 왕이 나타나 그들을 인도하였습니다.

그렇듯이 예수님께서는 사망 권세를 이기시고 부활하시사 하늘과 땅의 모든 권세를 가지시고 믿는 자와 항상 함께 하시며 신자를 인도하시는 왕이십니다. 또한 재림하시어 죽은 자와 산 자를 심판하실 주님이십니다. 그리하여 영구한 평화를 주시는 것입니다.

사도신경은 그래서 "저리로서 산 자와 죽은 자를 심판하러 오시리라"고 고백하고 있는 것입니다. 신자는 이런 신앙고백이 있기에 의를 위하여 현재 당하는 고난을 이기며 평화를 누리는 것입니다.

사도 바울의 간증을 들어 보십시오.

로마서 8장 18절에서 이렇게 말씀하고 있습니다.

"생각건대 현재의 고난은 장차 우리에게 나타날 영광과 족히 비교할 수 없도다."

이런 믿음이 있는 자는 히브리서 2장 15절에서 말씀하였듯이, 죽기를 무서워하여 일생에 매여 종노릇 하는 일에서 놓여지는 것입니다.

할렐루야!

그러기에 우리는 예수를 평화의 왕과 같은 메시아, 곧 그리스도라고 고백하는 것입니다.

2. 예수님은 '우리 주님' 입니다.

사도신경이 예수 그리스도를 우리 주라고 표현함으로 다시 한번 힘차게 예수가 하나님이신 것을 고백하는 것입니다.

구약에서는 야훼라는 말을 그대로 발음하지 않고, '주님'이라고 불렀습니다. 그러기에 헬라어에서 주님(κύριος)이라는 말은 바로 구약의 '야훼'라는 말을 풀어서 부르는 말입니다.

따라서 주님이라는 표현은 '하나님의 아들'이라는 개념과 밀접하게 연관되어 있는 것입니다.

2-1. 그리스도는 주님으로서 영원하신 분입니다.

주 예수님에 대하여 히브리서 13장 8절에서는 "예수 그리스도는 어제나 오늘이나 영원토록 동일하시니라"고 말씀합니다.

사도신경은 예수님이 십자가에서 죽음으로 그의 사역이

끝난 것이 아니라 현재도 우리를 위하여 사역하시는 주님으로 고백합니다. 이를 사도신경은 예수님께서 "하늘에 오르사 전능하신 하나님 우편에 앉아계시다 … 거기에서부터 산 자와 죽은 자들을 심판하시러 오시리라"고 표현하고 있습니다.

"전능하신 하나님의 오른편에 앉으사"라는 뜻은 장소가 아니라 예수 그리스도의 직위와 기능을 의미하는 것입니다.

고대 동방에서는 하나님의 오른편 자리는 하나님의 이름으로 전권을 행사하는 자를 위하여 마련된 자리를 의미합니다.

이런 관점에서 이 표현은 예수님께서 부활하신 후 하나님의 능력과(롬 1:3, 고전 5:4, 고후 12:9, 빌 3:10, 엡 1:20, 벧전 3:22) 영광(빌 3:21, 벧전 1:27)에 참여한 것을 의미하는 것입니다.

다시 말해서, 예수님이 하나님과 함께 있는 예수의 존재, 하나님 차원에서 예수의 능력과 영광 안에 계시는 그의 존재를 의미합니다.

그러기에 이 말은 예수님이 세상의 역사를 떠났다는 것을 의미하지 않고, 현재도 우리와 함께 계시는 그의 새로운 존재 양식을 의미하는 것입니다.

곧 예수님은 우리의 중보자로서 하나님과 함께 계시는 것입니다(요일 2:1).

이에 대하여 히브리서 기자는 9장 24절에서 "그리스도께서는… 참 하늘에 들어가사 이제 우리를 위하여 하나님 앞에 나타나시고"라고 하였고, 7장 25절에서는 "그가 항상 살아서 저희를 위하여 간구하심이니라"고 하였습니다.

사도 바울은 로마서 8장 34절에서 "다시 살아나신 이는 그리스도 예수시니 그는 하나님 우편에 계신 자요 우리를 위하여 간구하시는 자시니라"고 하였습니다.

아! 이 얼마나 고마운 일입니까!

제사장으로서의 그리스도를 설명할 때 언급한 바와 같이, 그러기에 우리는 그리스도를 힘입어 하나님 앞에 나아갈 수 있는 것입니다.

성경은 요한일서 2장 1-2절에서 말합니다.

"만일 누가 죄를 범하면 아버지 앞에서 우리에게 대언자가 있으니 곧 의로우신 예수 그리스도시라 저는 우리 죄를 위한 화목제물이니 우리만 위할 뿐 아니요 온 세상의 죄를 위하심이라."

우리가 신자 생활에서 인간의 연약성으로 인하여 무의식

중에 하나님의 완전한 법을 모르고 범하는 허물(sin without knowing)이 있습니까?

주님의 중보의 기도에 참여하는 신자는 그로부터 씻음을 받는 것입니다.

그리하여 사도 바울은 로마서 8장 34절에서 외칩니다.

"누가 정죄하리요 죽으실 뿐 아니라 다시 살아나신 이는 그리스도 예수시니 그는 하나님 우편에 계신 자요 우리를 위하여 간구하시는 자시니라."

사도신경은 예수님의 사역을 과거에, 그리고 현재뿐만 아니라, 미래에도 있다고 선언합니다. 사도신경에서 "저리로서 산 자와 죽은 자를 심판하러 오시리라"고 고백하는 것이 그것입니다. 이는 예수 그리스도의 세 번째 시간의 차원, 곧 그의 미래를 표현하는 것입니다. 그는 있었고, 있고, 또한 있을 것입니다.

예수님은 분명코 재림하시어 그가 시작한 구원 사역을 완결할 것입니다. 또한 의로운 심판을 하실 것입니다. 이 재림이야말로 하나님께서 남겨 놓으신 마지막 구원 사건, 큰 구원 사건입니다.

그러기에 초대 교회 신도들은 초점이 여기에 맞추어 있었습니다. 그리하여 거룩한 삶을 가졌습니다(요일 3:3). 그들은 이 재림의 소망이 있었기에 현재 당하는 고난에도 불구하고 순조롭게 걸어갔습니다(롬 8:18).

그러기에 초대 교인들의 피차간의 인사는 "마라나타!" 곧 '주님 오신다' 였습니다.

오늘 이런 소망이 있기에 우리들이 순조롭게 걸어가기를 기원합니다.

이와 같이 히브리서 11장 8절에서 말씀한 것처럼 "예수 그리스도는 어제나 오늘이나 그리고 영원히 같은 분이십니다."

그는 영원하신 분이시며, 언제나 우리의 주님이십니다.

주님은 나 개인뿐 아니라 우리 공동체의 주님이시며 주권자입니다. 여기서 나의 주님이라고 하지 않고 우리 주님으로 한데는 또 다른 의미가 있는 것입니다.

이 시간 함께 고백하여 보겠습니다.

"예수님은 우리 주 예수 그리스도이십니다."

2-2. 예수님은 우리의 구주가 됩니다.

두 번째로 그리스도를 주님이라고 고백하는 것은 예수가 우리의 구주, 곧 구원의 주가 되심을 의미합니다.

성경에서 구원과 비슷한 말로 구속(redemption)이라는 말이 있습니다. 구속이란 그 해당하는 값을 치러 속전을 주고 산다는 뜻입니다.

예를 들어서, 옛날 어떤 노예가 죄를 지어서 죽게 되었을 때 다른 사람이 속전을 주고 그 노예를 사서 놓아주면 그 노예는 완전한 자유를 얻게 되는 것입니다. 그와 같이 예수님께서 십자가에서 피 흘려 돌아가심으로 우리 죄를 위한 대속물이 되신 것입니다(마 20:28, 막 10:45).

신약성경 마가복음 10장 45절을 보면 이해가 됩니다.

"인자의 온 것은 섬김을 받으려 함이 아니라 도리어 섬기려 하고 자기 목숨을 많은 사람의 대속물로 주려 함이니라."

동시에 이 말은 예수님이 구원받은 우리들의 소유주가 되심을 의미합니다.

옛날에 어떤 노예가 죄를 지어서 죽게 되었을 때 다른 사람이 속전을 주고 그 노예를 사서 놓아주면 그 노예는 완전한 자유를 얻게 됩니다.

그러나 그 때 속전을 낸 사람은 그 해방된 노예의 주인이 되는 것입니다.

그와 같이, 주님의 보혈로 구원받은 우리는 예수 그리스도의 소유가 된 것입니다. 그러므로 우리는 예수님이 하신 일을 따라야 합니다. 주님은 이렇게 고백하는 신자를 향하여 "나를 따라 오너라"고 하시는 것입니다.

그렇다면, 예수님이 진정 당신의 주님이 되셨습니까? 사도신경을 고백하는 모든 신자는 반드시 이 질문에 대답을 하여야 합니다. 예수님이 '나의 주'라는 개인적인 고백이 있어야 하겠습니다.

제 6 장

성령

요한복음 14:15-17

너희가 나를 사랑하면 나의 계명을 지키리라. 내가 아버지께 구하겠으니 그가 또 다른 보혜사를 너희에게 주사 영원토록 너희와 함께 있게 하시리니, 저는 진리의 영이라 세상은 능히 저를 받지 못하나니 이는 저를 보지도 못하고 알지도 못함이라 그러나 너희는 저를 아나니 저는 너희와 함께 거하심이요 또 너희 속에 계시겠음이라.

요한복음 16:7-15

"그러하나 내가 너희에게 실상을 말하노니 내가 떠나가는 것이 너희에게 유익이라 내가 떠나가지 아니하면 보혜사가 너희에게로 오시지 아니할 것이요 가면 내가 그를 너희에게로 보내리니 그가 와서 죄에 대하여, 의에 대하여, 심판에 대하여 세상을 책망하시리라 죄에 대하여라 함은 저희가 나를 믿지 아니함이요 의에 대하여라 함은 내가 아버지께로 가니 너희가 다시 나를 보지 못함이요 심판에 대하여라 함은 이 세상 임금이 심판을 받았음이니라 내가 아직도 너희에게 이를 것이 많으나 지금은 너희가 감당치 못하리라 그러하나 진리의 성령이 오시면 그가 너희를 모든 진리 가운데로 인도하시리니 그가 자의로 말하지 않고 오직 듣는 것을 말하시며 장래 일을 너희에게 알리시리라 그가 내 영광을 나타내리니 내 것을 가지고 너희에게 알리겠음이니라 무릇 아버지께 있는 것은 다 내 것이라 그러므로 내가 말하기를 그가 내 것을 가지고 너희에게 알리리라 하였노라."

성령

사도신경의 세 번째 단락은 "성령을 믿사오며"라는 말로 시작되고 있습니다. 전능하신 아버지이신 하나님의 천지 창조의 역사와 그 외아들 예수 그리스도의 구속의 역사에서 이제 성령의 재창조의 역사로 옮겨지고 있는 것입니다. 성령의 사역을 통해 실제적으로 새로운 피조물 된 인간이 영적인 성장을 하는 것입니다.

그러므로 사도신경은 새로운 공동체인 교회에 대하여, 새로운 관계인 죄에서의 용서에 대하여, 새로운 존재인 몸의 부활에 대하여, 새로운 충만인 영생에 관하여 언급합니다.

지금 이시간은 그에 앞서 성령의 인격(person)에 대하여 살펴보고자 합니다.

1. 성령은 인격자입니다.

사도신경은 예수님이 성령으로 잉태하였다고 고백합니다. 그리고 "성령을 믿사오며"라고 고백합니다. 이는 인격자 성령이 활동하고 있음을 말씀하는 것입니다.

1-1. 성경은 성령을 남성 대명사로 표현하고 있습니다.
여기에 영(spirit)은 히브리어로 루아흐(רוח), 헬라어로 프뉴마(πνεῦμα)로서, '바람'을 의미합니다.

여기에서 성령(Holy Spirit)이라는 표현은 하나님의 영이라는 뜻입니다. 성령을 영이라고 하니까, 어떤 이들은 이를 어떤 추상적인 힘 또는 세력을 의미하는 것으로 생각합니다.

그러나 성경은 성령을 예수님과 동등한 신격을 지닌 하나의 인격으로 묘사하고 있습니다. 성령님은 인격자이십니다.

그래서 성경은 성령을 묘사할 때, 프뉴마(πνεῦμα)가 중성명사인데도, 헬라어의 문법을 초월하여 남성 대명사(ἐκεῖνος)를 사용하고 있습니다.

영어로 번역할 때도 'He'라고 표현하고 있습니다(요

16:14, 8). 이처럼 성경은 성령을 하나의 인격(person)으로 취급하고 있는 것입니다.

1-2. 성령님의 사역은 그가 인격자임을 드러내고 있습니다.

요한복음 14장과 16장에서 예수님께서 언급하시는 성령의 사역은 그가 인격자임을 잘 드러내고 있습니다.

여기서 성경 몇 구절을 살펴보십시다.

요한복음 14장 26절에서 말씀합니다.

"보혜사 곧 아버지께서 내 이름으로 보내실 성령 그가 너희에게 모든 것을 가르치시고 내가 너희에게 말한 모든 것을 생각나게 하시리라."

또 요한복음 16장 7-8절에서도 말씀합니다.

"그러하나 내가 너희에게 실상을 말하노니 내가 떠나가는 것이 너희에게 유익이라 내가 떠나가지 아니하면 보혜사가 너희에게로 오시지 아니할 것이요 가면 내가 그를 너희에게로 보내리니 그가 와서 죄에 대하여 의에 대하여 심판에 대하여 세상을 책망하시리라."

요한복음 16장 13-15절의 말씀은 보다 구체적입니다.

"그러하나 진리의 성령이 오시면 그가 너희를 모든 진리 가운데로 인도하시리니 그가 자의로 말하지 않고 오직 들는 것을 말하시며 장래 일을 너희에게 알리시리라. 그가 내 영광을 나타내리니 내 것을 가지고 너희에게 알리겠음이니라. 무릇 아버지께 있는 것은 다 내 것이라 그러므로 내가 말하기를 그가 내 것을 가지고 너희에게 알리리라 하였노라."

우리가 성령님의 행하신 사역을 보면 한 인격자의 활동들임이 틀림없습니다.

예를 들어서, 성령님은 요한복음 14장 26절에서 하나님께서 보내신 것으로 묘사되고 있습니다.

여기서 우리가 알 것은 성령님의 행동은 다양하며 모두가 인격자의 행동이라는 것입니다.

위에서 본대로 성령님은 '가르친다, 온다, 책망한다, 든는다, 말한다, 나타난다, 취한다, 받는다, 감동한다(벧후 1:21), 증거한다(요 15:26)' 등으로 표현되고 있습니다.

여기서 보듯이, 성령님은 한 인격자가 하는 행동을 하십니다.

또한 성령님은 타인으로부터도 인격자로 취급되고 있습니다. 성령이 사람에게 속아주기도 하는 것이 그 한 예입니다.

사도행전 5장 3절의 말씀을 보십시오.

"베드로가 가로되 아나니아야 어찌하여 사단이 네 마음에 가득하여 네가 성령을 속이고 땅 값 얼마를 감추었느냐."

마태복음 12장 31절의 말씀을 보면, 성령님은 사람에게 훼방을 하도록 내버려 두기도 합니다.

"그러므로 내가 너희에게 이르노니 사람의 모든 죄와 훼방은 사하심을 얻되 성령을 훼방하는 것은 사하심을 얻지 못하겠고."

1-3. 성령님은 또 하나의 보혜사입니다.

더 나아가 예수 그리스도께서는 성령님을 보혜사, 곧 자기와 같은 또 하나의 보혜사(another comforter, ἄλλον παράκλητος) 라고 부르고 있습니다.

이것은 요한복음 14장 16절에서 볼 수 있습니다.

"내가 아버지께 구하겠으니 그가 또 다른 보혜사를 너희에게 주사 영원토록 너희와 함께 있게 하시리니."

이 말은 예수님 자신이 요한일서 2장 1절의 말씀처럼 '보혜사(παράκλητος)' 인데, 예수님이 떠나가신 후로는 성령께서 오셔서 상주하시면서 주님께서 그랬듯이 성령 그 분이 보혜사로서 우리를 가르치시고, 인도하시고, 우리와 인격적인 관계를 가지신다는 의미입니다.

다른 말로 표현하여 예수님이 승천하신 후에는 성령님께서 그리스도의 영으로 오셔서, 공간의 제한 없이 우주적으로 계속 사역하시게 된다는 말씀입니다.

2. 성령님은 하나님이시며 삼위일체의 한 위입니다.

성령님은 삼위일체의 한 위격(person)을 지니시고 삼위일체 하나님의 한 분 하나님으로 활동하고 계십니다. 우리는 성령님에 대하여 여러 오해들을 불식하고 신앙(信仰)생활 해야 함을 사도신경은 강조하고 있는 것입니다.

2-1. 성령님은 그의 속성에 비취어 볼 때 하나님입니다.

성령님은 하나님 아버지가 지니신 모든 속성을 지니고 있습니다. 성령님은 영원하시고, 성령님은 전지하시며, 성령님은 편재하시다는 것입니다.

우선 성령님은 영원하신 분(eternal being)이심을 생각하여 보겠습니다.

히브리서 9장 14절에 말씀하고 있습니다.

"하물며 영원하신 성령으로 말미암아 흠 없는 자기를 하나님께 드린 그리스도의 피가 어찌 너희 양심으로 죽은 행실에서 깨끗하게 하고 살아 계신 하나님을 섬기게 못하겠느뇨."

그는 전지하신 분(Omniscience)입니다.

고린도전서 2장 10절을 보면 확실히 알 수 있습니다.

"오직 하나님이 성령으로 이것을 우리에게 보이셨으니 성령은 모든 것 곧 하나님의 깊은 것이라도 통달하시느니라."

성령님은 편재하신 분(Omnipresence)입니다.

시편 139편 7절을 보면, "내가 주의 신을 떠나 어디로 가며 주의 앞에서 어디로 피하리이까"라고 말씀하였습니다.

이와 같이 사도신경을 통해 하나님 아버지, 아들 예수, 그리고 성령을 하나님으로 고백함으로, 우리는 삼위일체 하나님을 믿는다고 고백하는 것입니다.

헬라어로 된 사도신경에서 '내가 하나님을 믿는다, 예수 그리스도를 믿는다, 성령을 믿는다' 고 하는 표현에는 전치사 'εἰς(in)'이 사용되고 있습니다. 그러나 교회와 종말론적인 것에 관하여 말할 때는 이 전치사가 생략되어 있습니다.

요즈음 사도신경을 새로 번역하자는 논의에서도 "그리스도를 믿사오니"를 "그리스도를 내가 믿사오며"로 시정할 것을, "성령을 믿사오며"를 "성령을 내가 믿사오며"로 시정할 것을 제의하고 있지 않습니까. 이는 곧 성부, 성자, 성령을 하나님으로 믿는 것을 나의 고백으로 분명히 하자는 것이라 생각됩니다.

2-2. 기독교는 사벨리아니즘(Sabellianism)의 주장을 배격합니다.

사도신경은 "성령을 믿사오며"라고 고백함으로써 당시에 유행하고 있던 이단, 곧 하나님은 한 분이고 그 분이 다른 형태를 지니고 나타난 것뿐이라고 하는 사벨리아니즘(Sabellianism)을 부인하고 있습니다. 사벨리아니즘은 성령과 예수님의 하나님 됨을 부정하였습니다.

그러나 분명 성경은 하나님에 대하여 표현할 때 하나님이 삼위인 것으로 표현하고 있습니다.

예를 들면, 구약에서 하나님을 표현할 때 사용한 단어에서 그것을 볼 수 있습니다. 하나님에 대한 명사를 복수로 표현하고 있는 것입니다. 곧 하나님을 가리키는 말이 '엘' 인데, 하나님을 '엘' 로 부르지 않고 '엘로힘' 이라는 복수를 사용하고 있습니다. 유일신을 신봉하는 히브리인들이 '엘로힘' 이라고 표현하는 것은 주목할 만한 것입니다. 그들은 삼위 하나님을 믿은 것입니다.

또한 하나님이 자신을 표현할 때 '우리'라는 복수를 사용하고 있는 것을 볼 수 있습니다.

그 예를 성경 말씀에서 들어보겠습니다.

"하나님이 가라사대 우리의 형상을 따라 우리의 모양대로 우리가 사람을 만들고 그로 바다의 고기와 공중의 새와 육축과 온 땅과 땅에 기는 모든 것을 다스리게 하자 하시고"(창 1:26).

이 말은 창조 사역과 섭리에 있어서도 삼위 하나님이 함께 역사하였다는 것을 드러내는 것입니다. 아래의 창세기의 성경 구절도 이를 뒷받침하고 있습니다.

"땅이 혼돈하고 공허하며 흑암이 깊음 위에 있고 하나님의 신은 수면에 운행하시니라 하나님이 가라사대 빛이 있으라 하시매 빛이 있었고"(창 1:2-3).

"자 우리가 내려가서 거기서 그들의 언어를 혼잡케 하여 그들로 서로 알아듣지 못하게 하자 하시고"(창 11:7).

요한복음 1장 1-3절에서도 말씀하여주고 있습니다.

"태초에 말씀이 계시니라 이 말씀이 하나님과 함께 계셨으니 이 말씀은 곧 하나님이시니라. 그가 태초에 하나님과 함께 계셨고 만물이 그로 말미암아 지은 바 되었으니 지은 것이 하나도 그가 없이는 된 것이 없느니라.”

2-3. 기독교의 신론은 삼신론(Tritheism)이 아닙니다.

위에서 살펴본 결과로 성령이 하나님의 한 위라고 결론짓지 않을 수 없습니다.

그러나 기억할 것은, 그렇다고 기독교가 고백하는 신론이 삼신론(Tritheism)을 말하는 것은 아니라는 것입니다. 성경은 하나님이 그 본질, 실체(οὐσία, 곧 substance or essence)에 있어서는 하나임을 주장하고 있기 때문입니다.

성경은 신명기 6장 4절에서 다음과 같이 말씀하고 있습니다.

“이스라엘아 들으라 우리 하나님 여호와는 오직 하나인 여호와시니라”(출 20:3 참조).

마가복음 12장 29절에서도 말씀합니다.

“예수께서 대답하시되 첫째는 이것이니 이스라엘아 들으라. 주 곧 우리 하나님은 유일한 주시라.”

요한복음 17장 3절에서도 말씀합니다.

“영생은 곧 유일하신 참 하나님과 그의 보내신 자 예수 그리스도를 아는 것이니이다”(갈 3:20 참조).

2-4. 기독교는 유일신론(Unitarianism)을 배격합니다.

삼위일체 신관이란, 한 하나님의 실체 안에 세 인격 (persons)을 지니고 있다는 것입니다. 따라서 기독교의 신관은 삼위일체 하나님이신 예수님과 성령님의 하나님 됨을 부인하는 사벨리아니즘(Sabellianism)도, 더군다나 독립된 삼신론(Tritheism)도 아니며, 유일신론(Unitarianism)도 아닙니다.

영어로는 다음과 같이 표현합니다.

There are not three God, but three persons in one God: One substance; three persons($\mu\iota\alpha$ $o\mathring{v}\sigma\acute{\iota}\alpha$ $\tau\rho\epsilon\acute{\iota}s$ $\mathring{v}\pi\acute{o}\sigma\tau\alpha\sigma\epsilon\iota s$).

삼위일체 신관에서 한 인격(person)이라고 할 때, 오늘의 용어처럼 별개의 한 인격을 말하는 것으로 이해하면 안 됩니다. 여기에 사용되고 있는 헬라어는 '$\mathring{v}\pi\acute{o}\sigma\tau\alpha\sigma\iota s$' 로서, 이 말은 '한 실체 안에 있는 차별(distinction within that one substance)' 을 의미합니다. 그리하여 삼위일체 하나님을 영어로 이렇게 표현할 수 있습니다.

"the persons are not separate, but distinct, and that they are so united as to be but one God. In other words, that the divine nature exists under the personal distinction of Father, Son and Holy Ghost, and that these three have equally, and in common with one another, the nature and perfections of supreme divinity."(Wiley, *Introduction to Christian theology*, pp.124-125).

우리가 고백하는 대로 삼위일체 신관은 기독교의 중심 교리입니다. 그러나 이 같은 깊은 진리를 잘 설명하기는 힘듭니다.

어떤 이들은 삼위일체를 태양에 비유하기도 합니다. 태양 자체는 하나님 아버지시고, 태양의 광선은 예수님이시고, 태양의 열은 성령이라는 것입니다. 그러나 이것도 완전한 비유가 될 수 없습니다. 이 깊은 진리를 인간 이성으로 다 이해하기는 참으로 어렵습니다. 인간 이성이 제한되어 있기 때문입니다. 그저 우리는 하나님이 계시하신 것을 믿음으로 받아들이는 것입니다.

이것을 사도신경에서는 "내가 성령을 믿사오며"로 고백한 것입니다.

2-5. 삼위일체 하나님은 언제나 함께 역사합니다.

우리는 삼위일체 하나님께서 언제나 함께 역사하는 것을

성경에서 봅니다.

특히, 세 가지 사역 분야에서 함께 하시는 하나님을 발견할 수 있습니다. 그것은 창조 사역, 계시 사건, 특히 인류 구원 사역입니다. 이를 이해하기 위하여 우리는 다음으로 삼위일체 하나님의 사역에서의 성령의 직능에 대하여 상고하여 보아야 하겠습니다.

3. 성령님은 어떤 일을 합니까?

삼위일체 하나님의 직무에 있어서, 성령님은 우리 안에서 역사하시는 하나님이십니다.

예를 들어서, 계시에 있어 아버지가 계시자(Revealer)이면, 아들은 시간과 공간에서 계시하신 분, 곧 계시 자체(Revelation)요, 성령님은 그것을 우리 안에 계시되도록(Become revealed) 하시는 분이십니다.

구원에 있어, 아버지가 계획하시고, 아들이 조건을 마련하시고, 성령님은 그 구원이 우리 안에서 이루어지도록 역사 하시는 분이십니다. 이것에 대하여 로후만 박사는 성령님은 하나님을 현재화(vergegenwartigung)하시는 분이라고 표현했습니다.

그러기에 하나님의 놀라운 구원의 은혜, 선물은 성령님의 역사 없이는 우리 안에서 이루어질 수가 없습니다.

성령의 하시는 주요한 임무는 다음과 같이 정리할 수 있습니다.

3-1. 예수님이 구주임을 확신하게 하며 또한 증거하게 합니다.

3-1-1. 예수님이 우리들의 구주임을 확신하게 합니다.

우선 성령님은 예수 그리스도가 진실로 존재하시는 분이시며, 우리의 구주이심을 확신시키는 일을 합니다.

고린도전서 12장 3절에 말씀하시기를 "성령으로 아니하고는 누구든지 예수를 주시라 할 수 없느니라"고 하였습니다.

성령님은 예수님의 것을 가지고 우리에게 알립니다(요 15:26). 또한 우리에게 전하여 주어 알게 된 그리스도를 증거하게 합니다.

3-1-2. 주님의 영광을 드러내는 일을 하게 합니다.

성령님은 삼위일체의 한 분으로서 결국은 하나님의 영광, 주님의 영광을 드러내기 위하여서 역사하십니다(요 16:14-

15). 지금은 성령이 교회에 충만히 임한 시대로서 성령이 주님의 영광을 드러내시기 위하여 역사하고 계십니다.

주님께서는 요한복음 14장 12-13절에서 말씀하였습니다.

"내가 진실로 진실로 너희에게 이르노니 나를 믿는 자는 나의 하는 일을 저도 할 것이요 또한 이보다 큰 것도 하리니 이는 내가 아버지께로 감이니라. 너희가 내 이름으로 무엇을 구하든지 내가 시행하리니 이는 아버지로 하여금 아들을 인하여 영광을 얻으시게 하려 함이라."

성령께서 충만히 역사하시는 시대에 있으므로 우리는 더 큰 것을 기대할 수 있습니다. 사도시대에 있어 제자들을 통해 일어났던 놀라운 역사들은 성령이 충만히 역사하였기 때문입니다(행 1:8).

이는 또한 우리들도 성령 충만의 은혜를 입을 때 주의 영광을 위하여 놀라운 사역을 할 수 있음을 모형적으로 보여주는 것입니다. 주님이 제자들에게 "성령을 받으라"고 분부하신 것(눅 24:49)과 같이, 사도 바울은 에베소서 5장 18절에서 "오직 너희는 성령의 충만함을 받으라"고 분부하고 있습니다.

그러므로 우리가 성령 충만을 받아 주님의 영광을 드러내는 놀라운 사역을 하게 되기를 기원합니다.

3-2. 성령님은 모든 그리스도인에게 은사를 줍니다.

이런 사역을 우리에게 담당케 하기 위하여 성령님은 모든 그리스도인에게 한 가지 혹은 그 이상의 은사를 주십니다. 그리하여 그리스도의 몸인 교회에서 '각 지체의 직무'를 수행케 하신다고 성경은 말씀하고 있습니다.

신약 고린도전서 12장 4-7절을 함께 살펴보겠습니다.

"은사는 여러 가지나 성령은 같고 직임은 여러 가지나 주는 같으며 또 역사는 여러 가지나 모든 것을 모든 사람 가운데서 역사하시는 하나님은 같으니 각 사람에게 성령의 나타남을 주심은 유익하게 하려 하심이라."

또 에베소서 4장 11-16절에서 구체적으로 말씀하고 있습니다.

"그가 혹은 사도로, 혹은 선지자로, 혹은 복음 전하는 자로, 혹은 목사와 교사로 주셨으니 이는 성도를 온전케 하며 봉사의 일을 하게 하며 그리스도의 몸을 세우려 하심이라 우리가 다 하나님의 아들을 믿는 것과 아는 일에 하나가 되어 온전한 사람을 이루어 그리스도의 장성한 분량이 충만한 데까지 이르리니 이는 우리가 이제부터 어린 아이가 되지 아니하여 사람의 궤술과 간사한 유혹에 빠져 모든 교훈의 풍조에 밀려 요동치 않게 하려 함이라 오직 사랑 안에서 참된 것을 하여 범사에 그에게까지 자랄지라. 그는 머리니 곧 그리스도라 그에게서 온 몸이 각 마디를 통하여 도움을 입음으로 연락하고 상합하여 각 지체의 분량대로 역사하여 그 몸을 자라게 하며 사랑 안에서 스스로 세우느니라.”

3-3. 죄와 의와 심판에 대하여 증거하며, 신자를 진리 안으로 인도합니다.

무엇보다도 사도신경에서 고백하고 있는 성령님은 우리를 구원하기 위하여 우리의 죄를 책망하시는 분입니다. 그뿐 아니라, 의와 심판에 대하여 증거하시며 신자를 진리 안으로 인도하십니다(요 16:7-13).

3-3-1. 죄에 대하여 깨우칩니다.

성령을 ‘진리의 영’ ($\pi\nu\epsilon\hat{\upsilon}\mu\alpha$ $\tau\hat{\eta}s$ $\dot{\alpha}\lambda\eta\theta\epsilon\acute{\iota}\alpha s$)이라고 말합니다. 이는 곧 있는 그대로 ‘드러내는 영’ 이라는 뜻입니다. 그 역할은 마치 거울과도 같습니다. 거울에는 내 얼굴에 묻어 있는 더러운 것들이 있는 그대로 보입니다.

사람은 자기의 죄를 별로 느끼지 못하며 살고 있습니다.

그러나 진리의 영이신 성령께서 우리 마음에 오시어 죄를 깨우쳐 줍니다.

아침에 자동차를 몰고 성산대교를 지날 때마다, 동쪽에서 햇빛이 차 안을 비추면 이제껏 깨끗하다고 여겼던 자동차의 계기판에 먼지가 있는 것을 깨닫습니다.

그와 같이, 성령이 오셔서 우리 안에 있는 죄를 지적하신다는 것입니다.

그러면 죄는 무엇입니까?

하나님께서는 이 자연계가 질서 있게 운영되도록 하기 위해서 자연 법칙을 두셨습니다.

마찬가지로 우리 인간을 창조하시고 인간생활을 바로 하기 위하여 하나님은 십계명을 위시하여 여러 도덕적 법을 주셨습니다.

이런 하나님의 법을 범하는 것이 죄입니다. 곧 죄는 율법을 위반하는 것입니다(ἀνομία, παράβασις, ἁμαρτία).

우리가 범하는 개인적인 죄(personal sins)는 2가지로 구분을 할 수 있습니다. 하나는 의식적으로 범하는 죄(voluntarily transgression of the known law of God)요, 다른 하나는 무의식 중에, 다른 말로 하면 부지 중에 하나님의 온전한 법을 범하는 죄, 곧 허물(involuntarily transgression of the perfect law of God, known or unknown)입니다.

사람은 거짓말, 도둑질, 사기 등등으로 하나님의 법을 어기게 됩니다. 그런데 성령이 오시면 이런 모든 죄를 책망하시는 것입니다.

성령님은 겉에 나타나는 죄뿐 아니라 마음속 깊이 있는 죄의 본질까지 지적하십니다. 이는 마치, 엑스레이에 비추면, 거울로는 보이지 않는 속에 있는 것까지도 보이는 것과도 같습니다.

이에 우리는 시편기자와 함께 "하나님이여 나를 살피사 내 마음을 아시며 나를 시험하사 내 뜻을 아옵소서 내게 무슨 악한 행위가 있나 보시고 나를 영원한 길로 인도하소서"(시 139: 23-24)라고 기도하여야 하겠습니다.

성경은 요한일서 1장 9절에서 약속하십니다.

"만일 우리가 우리 죄를 자백하면 저는 미쁘고 의로우사 우리 죄를 사하시며 모든 불의에서 우리를 깨끗케 하실 것이요."

여기에서 자백한다는 말 ‘ὁμολογῶμεν’은 ‘같은 것을 말한다’는 뜻입니다. 이는 성령이 지적하는 대로 자신의 죄를 고백한다는 뜻입니다.

그렇습니다.

성령님은 구원받지 못하고 있는 우리의 연약함을 도우십니다.

성령님은 우리들의 구원을 위하여 죄를 책망하시는 것입니다. 그러므로 성령에 거역하지 말고 순종하여 주 앞에 죄를 자백함으로 죄에서 용서받는 자가 되시기를 바랍니다.

현대인은 죄의 자백 없이 죄에서 해결받기를 원하는 것 같습니다. 그러나 잠언 28장 13-14절에서는 이를 경고합니다.

“자기의 죄를 숨기는 자는 형통치 못하나 죄를 자복하고 버리는 자는 불쌍히 여김을 받으리라 항상 경외하는 자는 복되거니와 마음을 강팍하게 하는 자는 재앙에 빠지리라.”

3-3-2. 의에 대하여, 심판에 대하여 깨우칩니다.

앞에서 성령님은 진리의 영으로서 그 기능이 거울과 같다고 말씀드렸습니다. 우리는 거울을 들여다보다가 때로는 놀라기도 합니다. 거울을 들여다보면 나의 뒤에 멀리 있는 딴 사물도 보이기 때문입니다.

그처럼, 성령의 인도를 따라 죄를 자백하면 그 순간 성령께서는 ‘의’에 대하여, ‘심판’에 대하여 우리를 깨우쳐 주십니다. 그 순간 우리는 사람이 의롭게 되는 것이 자신으로 인해서가 아니라 예수님께서 하신 사역, 곧 십자가의 공로에 의해서 의롭게 되는 것임을 깨닫게 되는 것입니다.

진실로 예수의 십자가는 요한일서 2:2에서 말씀한 것처럼 우리 죄를 위한 화목제물이고, 믿는 자를 의롭게 하는 하나님의 ‘새 언약’입니다(눅 22:20, 히 12:24). 이를 깨닫게 하는 분이 바로 성령입니다.

극적으로 거듭나는 체험을 한 사람은 이 사실을 압니다.

필자 자신도 1946년 1월에 부흥회에 참석하여 이를 체험하였습니다. 성령의 감화로 죄를 회개하는 순간, 하나님께서 주님의 십자가의 공로로 나를 받아 주신다는 것을 확신하게 되었습니다.

그와 동시에, 성령님은 심판에 대하여 깨우쳐 주십니다. 곧 성경이 요한복음 16장 11절에서 “이 세상 임금이 심판을 받았음이니라”라고 하신 것처럼 최후의 승리가 결국 주님께 있음을 깨우쳐 주십니다. 십자가와 부활에서 주님은 그가 절대 주권자임을 선언하신 것입니다.

3-3-3. 우리를 진리 안으로 인도합니다.

주님은 자신이 떠나신 후라고 해서 우리를 고아처럼 내버려 두지 아니한다고 요한복음 14장 18-20절에서 약속하셨습니다. 그리스도의 영이신 성령님은 진리 안에서 우리를 인도하실 것입니다.

성령이 진리 안에서 우리를 인도하시는 방법 중 하나는 우리에게 구원에 대한 확신을 주시는 것입니다.

요한일서 3장 24절에서 말씀하였습니다.

"그의 계명들을 지키는 자는 주 안에 거하고 주는 저 안에 거하시나니 우리에게 주신 성령으로 말미암아 그가 우리 안에 거하시는 줄을 우리가 아느니라."

우리에게 소망에 대한 확신이 있음으로 우리는 환난 중에서도 승리하며 걸어가는 것입니다.

사도 바울은 로마서 8장 16-18절에서 다음과 같이 증거합니다.

"성령이 친히 우리 영으로 더불어 우리가 하나님의 자녀인 것을 증거하시나니 자녀이면 또한 후사 곧 하나님의 후사요 그리스도와 함께한 후사니 우리가 그와 함께 영광을 받기 위하여 고난도 함께 받아야 될 것이니라. 생각건대 현재의 고난은 장차 우리에게 나타날 영광과 족히 비교할 수 없도다.”

성령께서는 우리에게 이와 같은 확신을 줌으로써 삶에 활력소를 불어 넣어 주십니다.

4. 우리는 성령님께 순종하여야 합니다.

우리는 성령님을 거스리지 말고 성령님의 지시와 말씀을 순종하여야 합니다.

우리는 두려운 마음으로 마태복음 12장 31-32절에서 하신 주님의 말씀에 귀를 기울여야 합니다.

“그러므로 내가 너희에게 이르노니 사람의 모든 죄와 훼방은 사하심을 얻되 성령을 훼방하는 것은 사하심을 얻지 못하겠고 또 누구든지 말로 인자를 거역하면 사하심을 얻되 누구든지 말로 성령을 거역하면 이 세상과 오는 세상에도 사하심을 얻지 못하리라.”

이 말씀이 무슨 뜻입니까?

본문의 뜻은, 성령을 훼방한다는 것은 곧 32절에서 설명하듯이 곧 성령의 말씀을 거슬러 말한다는 의미입니다. 성령의 말씀을 순종하지 않는다는 뜻입니다.

우리가 알고 있듯이 우리가 죄를 범하였으면 그것이 예수를 훼방하는 죄였든지 간에 성령께서는 그 죄를 책망하며 회개하라고 권고할 것입니다. 그 말씀에 순종하여 회개하면 용서를 받겠지만, 성령의 책망과 권고에 순종하지 않으면 결코 용서를 받을 수 없다는 말씀입니다. 이치가 그렇지 않습니까?

그러기에, 성령께서 책망하고 권고할 때에 순종하시기를 바랍니다. 성령에 순종치 않는 것은 큰 불행입니다.

성경 에베소서 4장 30절과 데살로니가전서 5장 19절에서 말씀합니다.

"성령을 근심하게 하지 말라. 성령을 소멸치 말며."

우리 모두가 성령님의 음성에 순종하게 되시기를 바랍니다!

영국에 사냥을 즐기는 한 신사가 있었습니다. 그에게는 사냥을 도와주는 훌륭한 개가 있었습니다. 이 개는 주인을 보호하는 아주 영리한 개였습니다. 한 번은 신사가 개를 데리고 며칠 동안 멀리 가서 사냥을 하고 돌아와, 아주 피곤한 채로 밤에 침실에 들었습니다. 자고 있는데 개가 자꾸 짖는 겁니다. 영리한 개가 짖는 데에는 무슨 이유가 있을 것이라고 생각하고 밖에 나와 보았습니다. 그러나 아무 이상도 없었습니다. 그래서 다시 잠자리에 들었습니다.

그런데 또 얼마 있다가 개가 몹시 짖는 것입니다. 다시 나와 보았으나 아무 일도 없습니다. 이것이 몇 번 반복되자 신사는 화가 났습니다. 피곤하여 잠자며 쉬려고 하는데 개가 방해를 하는 것을 견딜 수 없던 주인은 개가 너무 피곤하여 정신이 나간 것으로 생각하고 홧김에 총으로 개를 쏴 죽이고 말았습니다.

그리고 이 주인은 깊은 잠에 빠졌습니다. 다음 날 아침에 이 신사는 시신으로 발견되었습니다. 그 밤에 강도가 이 집에 침입하려고 대문 밑을 깊이 파는 것을 안 영리한 개가 주인을 자꾸 깨운 것이었으나, 주인은 자기가 쉬는 것을 괴롭힌다고 하여 그 개를 죽이고 말았던 것입니다.

그렇습니다.

성령님께서 우리들이 범한 죄, 때로는 기억할 수도 없는 죄를 책망하고 깨우치실 때, 귀찮다고 성령을 거역하지 말고 순종하여 하나님의 은혜를 받는 모두가 되기를 기원합니다.

제 7 장

교회

마태복음 16:13-19

예수께서 가이사랴 빌립보 지방에 이르러 제자들에게 물어 가라사대 사람들이 인자를 누구라 하느냐 가로되 더러는 세례 요한, 더러는 엘리야, 어떤 이는 예레미야나 선지자 중의 하나라 하나이다. 시몬 베드로가 대답하여 가로되 주는 그리스도시요 살아계신 하나님의 아들이시니이다. 가라사대 너희는 나를 누구라 하느냐. 예수께서 대답하여 가라사대 바요나 시몬아 네가 복이 있도다 이를 네게 알게 한 이는 혈육이 아니요 하늘에 계신 내 아버지시니라. 또 내가 네게 이르노니 너는 베드로라 내가 이 반석 위에 내 교회를 세우리니 음부의 권세가 이기지 못하리라. 내가 천국 열쇠를 네게 주리니 네가 땅에서 무엇이든지 매면 하늘에서도 매일 것이요 네가 땅에서 무엇이든지 풀면 하늘에서도 풀리리라.

사도신경은 "거룩한 공회를 믿사옵나이다"라고 고백하고 있습니다. 이것은 교회에 대한 고백입니다.

신학자인 칼 바르트는 다음과 같이 말하였습니다.

"예수 그리스도가 우리의 주님이시며, 하나님의 우편에 앉아 계시기 때문에 교회라고 하는 것이 존재하며, 예수 그리스도가 십자가에서 고난을 당하시고 죽으셨기 때문에, 죄 용서가 있으며, 예수 그리스도가 죽은 자들로부터 부활하셨기 때문에 육체의 부활이 있으며, 그가 산 자와 죽은 자를 심판하러 다시 오시기 때문에 영생이 존재한다."(칼 바르트, 『사도신경 해설』, 신경수 역, p. 133.).

여기서 우리가 고백하는 교회는 예수 그리스도의 사역과

직결되어 있음을 보게 됩니다.

그러면 먼저 교회에 대하여 상고하여 보도록 하겠습니다.

1. 교회는 하나님의 백성들의 모임에 존재합니다.

예수 그리스도의 사역의 계속적인 현존을 위하여 오순절에 성령이 제자들에게 임함으로 교회가 세워지게 되었습니다.

1-1. 교회는 그리스도의 재성육신 곧 그리스도의 몸입니다.

성령님은 하나님을 '사람으로' 현재화시키기 위하여 예수를 탄생케 하였습니다. 그리고 예수님이 지상 사역을 마치고 승천한 다음에는 하나님을 '사회공동체'로 역사 속에 현재화시키기 위하여 제자들에게 임하신 것입니다.

그리고 보면, 교회는 성육신하신 예수 그리스도의 연장이라고 볼 수 있습니다. 그리하여 어떤 신학자는 그리스도의 재 성육신(Re-incarnation of Jesus Christ)이라고 표현하기도 합니다.

그러기에 성경은 에베소서 4장과 5장에서 교회가 그리스도의 몸이라고 칭합니다(엡 4:12, 5:23, 5:30).

여기서 에베소서 4장 12절을 읽어드리겠습니다.

"이는 성도를 온전케 하며 봉사의 일을 하게 하며 그리스도의 몸을 세우려 하심이라."

여기서 알 수 있는 것은 교회가 예수님이 하시는 일을 사회공동체로서 역사 속에서 행하기 위하여 세워졌다는 것입니다.

주님은 일찍이 요한복음 14장 12절에서 말씀하셨습니다.

"내가 진실로 진실로 너희에게 이르노니 나를 믿는 자는 나의 하는 일을 저도 할 것이요 또한 이보다 큰 것도 하리니 이는 내가 아버지께로 감이니라."

1-2 교회는 하나님의 백성들의 모임입니다.

이것은 예수님께서 지상에 계실 때 이미 계획하신 것입니다. 마태복음 16장 16절에서 사도 베드로가 예수님을 향하여 바른 신앙 고백을 하였습니다.

"주는 그리스도시요 살아계신 하나님의 아들이시니이다."

이에 마태복음 16장 18절에서 예수님은 베드로에게 "내가 이 반석 위에 내 교회를 세우리니 음부의 권세가 이기지 못하리라"고 말씀하셨습니다.

그러면 이 반석 곧 교회의 터, 그 본질은 무엇인가를 살펴보아야 하겠습니다.

성경을 보면, 구약성경에서는 여호와를 반석이라고 표현한 일도 있습니다(시 144:1, 신 32:4). 또한 신약성경에서는 그리스도를 반석이라고 표현한 일도 있습니다(고전 10:4).

그러나 여기에서 반석이 무엇을 의미하는가는 본문의 맥락과 주석에서 살펴보아야 합니다.

예수님께서 요나의 아들 시몬을 향하여 '베드로'라고 하시고 그 다음에 '반석'이라고 하셨는데 원문 헬라어를 보면 같은 말입니다. 두 말에 차이가 있다면 베드로는 남성 명사로 페트로스(πέτρος)이고, 반석은 여성명사로 페트라(πέτρα)인 것뿐입니다.

이 차이 때문에 신학자들은 그 해석을 고민하였습니다.

예를 들어서, 일부 개신교 학자들은 말하기를, 본문에 있는 반석은 베드로가 고백한 그 신앙을 의미하며, 교회는 그 신앙 위에 세워진 것이라고 합니다.

그리하여 교회를 '보이는 교회'와 '보이지 않는 교회'로 구분하며, '보이는 교회' 곧 현실적인 교회를 중요시하지 않는 경향이 있습니다.

이러한 견해는 고대 플라톤주의와 중세의 영향을 받은 것입니다. 이런 견해는 결국 교회의 이론과 정황(프락시스)에 부정적으로 작용했습니다. 그리하여 교회가 지상적인 문제에 대하여는 별로 관심을 두지 않게 됩니다.

이에 대하여 로마 천주교에서는 그 '반석'은 곧 사람 베드로를 가리킨다고 주장합니다. 왜냐하면, 헬라어에는 베드로스라는 말이 남성과 여성명사로 구분되어 있지만, 예수님께서 말씀하실 때는 헬라어를 사용하신 것이 아니라 아람어를 사용하셨고 아람어로 게바라는 단어를 사용하셨다는 것입니다. 그 아람어에는 남성과 여성의 구분이 없습니다. 그러니 주님께서 말씀하신 것은 바로 사람 베드로를 지칭하신 것이라는 것입니다.

그래서 교회의 기초는 베드로이며, 베드로가 죽은 후에는 그 뒤를 이은 로마 교황이 교회의 기초라는 것입니다. 따라서 교황의 대리, 곧 사제가 있는 곳에 교회가 성립된다고 주장하는 것입니다. 그러나 이는 지나친 해석입니다.

이 해석의 문제에 있어 신학자 쿨만(Oscar Cullmann)이 유명한 책, 「성 베드로」(*St. Peter*)를 써서 해답을 주고 있습니다. 그에 의하면, 베드로와 반석을 분리시킬 수는 없다는 것입니다. 반석은 곧 신앙을 고백하는 사람, 베드로를 지칭하는 것이기 때문입니다. 그러나 동시에 본문의 대화는 제자들과의 대화라는 것입니다.

그러므로 여기서 우리는 고백된 신앙과 고백하는 사람을 분리하여 생각해서는 안 되며, 동시에 반석을 베드로 개인으로만 보아서도 안 된다는 것입니다.

따라서 결론적으로, 본문에서 말하는 반석은 베드로와 같이 신앙을 고백하는 사람들, 곧 하나님의 백성을 가리킨다는 것입니다.

이는 베드로 자신의 말에서도 뒷받침되고 있습니다.

베드로는 베드로전서 2장 9-10절에서 말씀하시기를 "너희들(복수형이며 믿는 자들을 뜻함)은 왕 같은 제사장들이요 거룩한 나라"라고 했습니다.

그리고 마태복음 18장 18절과 요한복음 20장 23절에서 여기에서 말씀하신 것과 같은 믿는 자들의 특권을 말씀하실 때에 '너희들(ὑμεῖς)' 이라고 복수를 사용하고 있는 것입니다.

그러므로 우리들은 여기서 반석이라 함은, 베드로와 같이 신앙을 고백하며, 주님의 일을 하고자 하는 사람들을 의미한다고 결론을 내리게 됩니다.

우리는 분명히 알아야 합니다. 교회의 본질은 제도가 아닙니다. 건물도 아닙니다. 교회는 좋은 사람들의 모임도 아닙니다.

교회는 베드로가 고백한 신앙을 가지고 예수 그리스도가 하시는 일을 하기 위하여 부름받은 자들의 공동체입니다.

주님께서 요한복음 14장 12절에서 "내가 진실로 진실로 너희에게 이르노니 나를 믿는 자는 나의 하는 일을 저도 할 것이요 또한 이보다 큰 것도 하리니"라고 말씀하시지 않으셨습니까!

신자들은 이 일을 위하여 부르심을 받은 하나님의 백성입니다. 교회라는 말은 헬라어로 에클레시아, 곧 부르심을 받아 모인 사람들, 선발된 사람들을 칭하는 말입니다.

이 에클레시아(ἐκκλησία)라는 말의 헬라적인 배경을 살펴봅시다. 에클레시아는 하나의 정치기구였습니다. 그런데 이 기구에는 시민 전원이 모이는 일은 없었습니다. 예를 들면, 아테네에서는 에클레시아가 1년에 10회 정도 모이는데, 그런 모임이 있을 때마다 나팔수가 거리를 돌아다니면서 모임의 날짜, 장소, 그리고 시간을 거기에 출석해야 할 사람들에게 알립니다. 그러면 그 초대나 소집을 받아들인 사람들에 의하여 그 기구가 구성되었다고 합니다.

이와 마찬가지로 교회(ἐκκλησία)는 예수 그리스도를 통하여 하나님의 초대와 명령을 받아들인 사람들의 모임이라고 할 수 있습니다. 그러기에 우리는 교회를 곧 하나님의 백성들, 성도의 모임 공동체라고 하는 것입니다.

2. 교회는 거룩한 공회입니다.

사도신경은 교회는 '거룩한 공회'라고 고백합니다.

여기에서 '거룩한 공회'라고 고백할 때, 이는 신약의 사도행전과 초대 교회에 나타난 성도들의 모임, 곧 현실의 교회를 거룩한 공회라고 한 것입니다.

2-1. 현실 교회는 부패했음에도 불구하고 거룩합니다.

교회가 거룩하다는 고백에, "현실 교회들이 부패했는데 어떻게 거룩하다고 할 수 있느냐"고 반문하는 사람들이 있습니다.

이 반문에 대하여, 우리는 역사 속에 있는 현실 교회는 정도의 차이는 있겠으나 모두 부패했다는 것을 우선 인정해야 할 것입니다.

존 웨슬리는 그의 '악의 신비'라는 설교에서 다음과 같이 말한 바가 있습니다.

"박해가 순수한 기독교에 결코 영속적인 해를 끼치지 못하였다. 해를 끼칠 수도 없다. 그러나 기독교의 본질인 …겸손과 온유와 사랑의 뿌리를 흔들어 놓은 큰 타격을 교회가 받게 되었다. 그것은 4세기 때, 자칭 그리스도인이라고 하는 콘스탄틴 대왕에 의하여 그리스도인들, 특히 교직자들이 부귀와 영화와 세력을 누릴 때였다. 그와 마찬가지로, 박해의 공포가 사라지고 그리스도를 믿는 사람들이 부귀와 영화를 누릴 때에, 그리스도인들은 점진적으로 타락하고 갖가지 악으로 빠져 들어 갔다. 성서에서 말하고 있는 형태의 기독교 국가나 기독교 도시는 이 땅 위에서 볼 수 없게 되었다. 모든 도시나 마을은 그곳에 사는 소수의 성도를 제외하고는 모두가 갖가지 악에 물들고 말았다."(*Works of John Wesley*, vi, 261-262).

그러면 현실 교회가 부패하였는데도 불구하고 사도신경이 '교회는 거룩하다' 고 말하는 것은 어떤 의미입니까?

이 말은, 교회는 객관적으로 거룩하다는 뜻입니다. 곧 교회에 주어진 성결(given holiness)을 말하는 것입니다. 그리고 교회의 객관적 성결은 주관적 성결을 요청한다는 의미를 포함하고 있습니다.

그렇습니다. 교회는 거룩합니다.

왜냐 하면, 교회는 세상의 어떤 기관과도 구별되는 기관이기 때문입니다. 또 교회의 머리이신 그리스도가 거룩하며, 교회의 모든 제도가 성결을 촉진시키도록 계획되어 있기 때문입니다. 그러므로 이 거룩한 공회, 곧 교회는 그 소속이 하나님께 있는 자들의 공동체이기에 거룩합니다.

사도행전 20장 28절에서 언급한 대로 '하나님이 자신의 아들의 피로 사신 교회'라고 하였기에 거룩한 교회임을 기억해야 할 것입니다. 이것은 우리 기독 신자들이 주님의 구별된 존재임을 인식해야 함을 가르쳐주는 것입니다.

더 나아가, 소수일지라도 참다운 신자가 모여 있는 한, 하나님께서는 그 곳에 각별히 임재하시어서 그대로 역사하시기 때문에 교회는 거룩한 것입니다.

주님은 마태복음 18장 20절에서 약속하시기를, "두세 사람이 내 이름으로 모이는 곳에는 나도 그들 중에 있겠노라"고 하셨습니다.

이 말씀은 주님께서 영으로 어디나 계시지만 주님의 이름으로 모이는 곳 곧 교회에는 각별히 임재하시겠다는 약속입니다. 따라서 교회는 특별한 곳입니다. 교회는 주님이 임재하시어서 역사하시는 곳이기에 거룩한 것입니다.

이는 구약 시대에 성막과 성전을 거룩한 곳으로 여겨온 것과도 같습니다. 구약성경에서 하나님은 다음과 같이 말씀하셨습니다.

먼저 열왕기상 9장 3절을 읽어보겠습니다.

"내가 너의 건축한 이 전을 거룩하게 구별하여 나의 이름을 영영히 그곳에 두며 나의 눈과 나의 마음이 항상 거기 있으리니"

또한 출애굽기 20장 24절을 보겠습니다.

"내게 토단을 쌓고 그 위에 너의 양과 소로 너의 번제와 화목제를 드리라 내가 무릇 내 이름을 기념하게 하는 곳에서 네게 강림하여 복을 주리라."

구약시대에 있어서도 하나님은 어디에나 계시는 편재의 하나님이십니다. 그러나 하나님은 그가 정하신 성막과 성전에 각별히 임재하시어서 믿는 자들을 만나시며 복을 주시겠다고 말씀을 통해서 약속하신 것입니다. 여기서 우리는 옛날 성막이나 성전이 거룩하게 구별된 곳이며 귀중한 곳임을 보게 됩니다.

그러므로 옛날 성막이 귀한 것이었듯이 오늘의 교회도 소중하다는 것입니다.

또한 성경 스가랴 8장 1-2절을 보면, 하나님은 시온을 위하여 크게 분노한다고 하셨습니다. 이 말은 시온성이 부패했다는 것입니다. 그러나 스가랴 8장 3절에서는 "그러나 시

온 곧 예루살렘은 진리의 성읍이라 일컫겠고 성산이라 일
컫게 되리라"고 하셨습니다.

왜 그렇습니까? 여호와께서 돌아와 그곳에 거하시고자
하기 때문입니다.

그와 같이 역사 속에 있는 교회가 부패하였으나, 주님이
각별히 임재하시어서(마 18:20) 역사하시는 한, 교회는 거
룩한 것입니다. 이것이 교회의 객관적 성결(given
holiness)입니다.

예를 들어, 오늘의 대학교들이 이모저모로 부패하였지만
그곳에서 대학교육을 계속하고 있는 한 여전히 대학교이듯
이 말입니다.

교회는 거룩한 하나님의 과업을 수행하는 선교 공동체이
기에 거룩합니다. 이 지상에서 마태복음 28장 19-20절에
나타난 하나님의 일을 그 어떤 것들보다 최상으로 행하는
선교 공동체입니다.

2-2. 교회가 참으로 거룩한 교회되도록 힘써야 합니다.

그러므로 성도는 교회가 부분적으로 부패하였다고 교회
를 떠나는 것이 아니라, 교회를 소중히 여기며 교회가 참으
로 거룩한 교회가 되도록 하기 위하여 각자가 거룩해져야

합니다.

교회의 객관적 성결은 주관적 성결을 요청합니다. 여기에 진정한 신자들이 '성결의 누룩'이 되어 모든 신자가 거룩해지도록 힘써야 할 것입니다.

그리하여 교회가 복음을 바로 선포하며 성례전이 바르게 집행되며, 봉사하는 교회가 되도록 하여야 합니다.

2-3. 교회는 공회입니다.

사도신경은 이 교회를 '거룩한 공회'라고 부릅니다. 여기에 공회라는 말은 영어로 'catholic church'로 번역을 하였습니다. 그렇다고 하여 이것이 오늘의 로마 카톨릭 교회를 가리키는 것은 아닙니다. 이 말은 헬라어로는 'καθολιχην έκκλησία'로 표현되었는데 이 뜻은 '일반적인, 보편적인, 또는 우주적 교회'라는 뜻입니다.

교회를 이렇게 부르게 된 역사적 연유에 대하여 한경직 목사님은 다음과 같이 설명하고 있습니다.

"처음에 예루살렘에 교회 하나가 설립되었습니다. 교회 이름이 예루살렘 교회였습니다. 그 다음엔 수리아 안디옥에 교회가 또 하나 설립되어 그 이름을 안디옥 교회라고 했습니다. 그 다음에는 빌립보에 교회가 설립되어 그 이름을 빌립보 교회라고 불렀습니다. 이렇게 여러 지방에 교회가 세워졌는데 이 교회를 다 합쳐서 부를 수 있는 이름이 필요하게 되었습니다. 이 전체 교회를 카톨릭 교회라고 부르게 된 것입니다. 그래서 그 뜻은 일반적 혹은 세계적 교회, 곧 교회 전체를 의미하는 것입니다."(한경직, 사도신경 강해, p. 57)

그러므로 사도신경에서 "우리가 공교회를 믿습니다"라고 고백하는 것은, '전체 교회, 그 하나님 교회를 믿습니다' 라는 뜻입니다.

에베소서 4장 4절을 보면, "몸이 하나이요 성령이 하나이니 이와 같이 너희가 부르심의 한 소망 안에서 부르심을 입었느니라"고 하셨습니다.

따라서 장로교회니, 성결교회니, 감리교회니, 침례교회니 하는 것은 공교회의 한 부분인 것으로 인식하여야 합니다.

이렇게 교회에 대하여 고백함으로 우리는 교회가 서로 협력하여야 한다는 것을 드러내는 것입니다. 우리는 모든 이기적인 분리주의와 맞서야 하고 교회의 참된 보편성과 전 세계성을 추구하여야 하고 그것을 드러내야 합니다.

동시에 기독교 교회가 보편적이요, 일반적이라고 하는 것은 또 하나의 특성을 의미하고 있습니다.

대체로, 고대 사회에서 종교는 장벽을 세우는 것이었습니다. 예를 들어, 로마와 헬라의 공식적인 종교는 모두 국가종교였다는 것을 보아도 알 수 있습니다. 그들의 신들이 하는 일은 그 나라의 국가적인 이익을 돌봐주는 것이어서, 다른 나라들과는 대립하는 것이었습니다.

그러하기에 사도신경이 교회를 보편적, 우주적 교회로 고백하는 것은 우리 기독교가 장벽이 없는 교회로 모든 사람들을 초청하는 전 세계적 성격을 띠고 있다는 것을 고백하는 것입니다.

성경은 갈라디아서 3장 28절에서 말씀하시기를 "너희는 유대인이나 헬라인이나 종이나 자주자나 남자나 여자 없이 다 그리스도 예수 안에서 하나이니라"고 하셨습니다.

골로새서 3장 11절에서도 말씀합니다.

"거기는 헬라인과 유대인이나 할례당과 무할례당이나 야인이나 스구디아인이나 종이나 자유인이 분별이 있을 수 없나니."

3. 교회는 예수님이 하신 일을 하는 공동체입니다.

여기서 우리는 교회의 임무에 대하여 알아보아야 합니다.

위에서 언급한 대로 예수님을 믿는 사람들은 예수님이 하시는 일을 하는 것입니다. 믿는 사람이 모였기에 더 큰 일을 하여야 하는 것입니다.

이는 주님께서 베드로의 신앙고백을 듣고 하신 말씀에 명시되었음을 보게 됩니다. 여기서 예수님은 교회의 놀라운 특권과 책임을 언급하였습니다.

마태복음 16장 19절을 보면, 주님은 "내가 천국 열쇠를 네게 주리니 네가 땅에서 무엇이든지 매면 하늘에서도 매일 것이요 네가 땅에서 무엇이든지 풀면 하늘에서도 풀리리라"고 하였습니다.

다시 말하면, 예수님은 천국의 열쇠를 가진 자, 곧 교회가 하나님 나라의 비밀을 전파할 뿐 아니라, 사람들을 하나님의 나라로 인도하는 특권과 책무가 있다고 한 것입니다. 여기에 나타난 교회라는 공동체는 하나님 나라에서 이루어진 것을 선포하는 특권이 있습니다.

그러기 위하여 교회는 예수님이 하신 일을 공동체로서 이행해야만 합니다. 예수님께서 이를 요한복음 14장 12절에서 일찍이 언급하였습니다.

"내가 진실로 진실로 너희에게 이르노니 나를 믿는 자는 나의 하는 일을 저도 할 것이요 또한 이보다 큰 것도 하리니 이는 내가 아버지께로 감이니라.”

따라서 교회는 복음 전파, 사회를 향한 구제사업, 또는 정의를 위한 사회 참여 등을 성실히 이행하며, 하나님 나라의 임재를 드러내는 사역을 해야 할 것입니다.

이것은 최근의 선교신학의 동향이기도 합니다.

지금으로부터 40여 년 전만하더라도 보수 복음주의 진영에서는 ‘우리는 전도만 한다’고 고집하였습니다. 그런가 하면 진보적 진영에서는, 두 차례에 걸친 세계대전의 여파가 남아있는 정황에서 화란의 선교학자인 획켄다이크가 주장한 ‘전도에 대한 메시아적 개념(Messianic concept of Evangelism)’을 말하는 신학이 득세하게 되었습니다. 이렇게 하나님의 나라 구현을 강조한 나머지 사회 정의만 중요하다고 외쳤던 것입니다. 그러한 영향 등으로 인해 1975년에 열린 제 5차 나이로비 세계교회협의회에서는 전도분과를 아예 없애기도 하였습니다. 이에 복음주의 진영에서는 1974년 로잔에서 모였던 세계복음화를 위한 국제대회에서 발행한 로잔 언약을 통하여 교회는 복음전도와 동시에 사회 참여의 사명이 있음을 주장하였습니다. 그렇지만 복음 전도의 우위성(primacy)을 견지하고 있었습니다. 그리고 그 후 1989년에 모였던 제2차 로잔세계대회를 계기로 복음 증거에는 기사 이적이 동반하여 복음증거는 말과 행동으로 증거할 뿐 아니라, 능력으로 증거되어야 한다고 표명하였지만, 그 가운데에 여전히 복음 전도의 우위성을 견지하였습니다.

왜냐하면, 모든 사회악의 근본 원인은 죄에 있다고 믿으며, 또한 복음으로 사람이 변화받는 일 이상 더 큰 기사와 이적은 없다고 믿기 때문입니다.

교회는 그리스도의 복음을 증거하되 온전한 복음(the whole Gospel)을 증거하여야 합니다. 따라서 교회는 전도와 사회참여뿐 아니라 악마의 왕국을 정복하며 하나님 나라의 임재를 드러내는 사역을 하여야 할 것입니다.

교회에 대한 사도신경의 고백을 요한 웨슬리가 다음과 같이 말한 교회의 목적을 보면서 가름하고자 합니다.

"그리스도 교회의 원래 목적은 이렇습니다. 교회란 믿는 자들이 모인 공동체로서, 첫째, 각자 자신의 영혼을 구원하며, 그리고서는 다른 사람이 구원받도록 하는 일을 도와주며, 그 후에는 그들이 살고 있는 한 모든 사람을 현세와 장래의 비극에서 구원받도록 하여, 사탄의 왕국을 정복하고 그리스도의 왕국을 건설하는 데 있습니다.

그런 까닭에 모든 신자들은 그렇게 노력을 계속 하여야 마땅합니다. 그렇게 하지 않는다면 그는 교회 신자라고 불릴 가치가 없으며, 그리스도의 산 지체가 아닙니다.” (Jackson, *Works of John Wesley*, 6:150, Sermon 52, Society for reformation of manners)

제 8 장

성도의 교통

요한일서 1:3-4

우리가 보고 들은 바를 너희에게도 전함은 너희로 우리와 사귐이 있게 하려 함이니, 우리의 사귐은 아버지와 그 아들 예수 그리스도와 함께 함이라. 우리가 이것을 씀은 우리의 기쁨이 충만케 하려 함이로라.

성도의 교통

거룩한 공교회를 믿는 우리는 이어서 '성도가 서로 교통 (교제)하는 것을 믿습니다.' 라고 고백합니다. '성도의 교통' 이라는 말을 헬라어 원문에서는 '거룩한 사귐(ἅγιων κοινωνίαν)' 으로 표현하고 있습니다.

우선 '교통' 이라는 말의 어원적 의미를 살펴보겠습니다. 헬라어에서 '모임' 또는 '사귐' 을 표현하는 말로는 헤타이 레아(ἑταιρεια), 필리아(φιλία), 그리고 코이노니아 (κοινωνία)가 있습니다. 성도의 모임은 코이노니아 (κοινωνία)로 표현합니다.

첫 번째, 헤타이레아(ἑταιρεια)는 'Association(독일어 로는 geselshaft)' 와 같이 서로 이익을 나누기 위하여 모인 사귐입니다.

두 번째, 필리아(φιλία)는 서로 좋아하고 사랑하기에 그 결과로 성립된 사귐입니다. 영어로는 'friendship(독일어로는 gemeinde)'이라고 번역하는 것이 좋을 것입니다. 이 두 모임은 모두 너와 나의 관계에서 성립된 사귐입니다.

세 번째, 코이노니아(κοινωνία)는 각자가 공통적인 것에 참여함으로(participate into common thing), 그 결과로 너와 나와의 관계가 성립되는 사귐입니다.

이는 삼각형에 대한 공리 중, '점 A가 정점에 있는 점 B를 향해 일정한 각도를 갖고, 점 C가 역시 정점에 있는 점 B를 향해 같은 각도를 가지면, 선분 AC의 양변의 각도는 자연적으로 결정된다'는 내용에 담긴 이치와 같습니다.

그런데 사도신경은 성도의 교통 곧 교제는 코이노니아라고 고백하는 것입니다. 그러기에 성도의 모임은 사람들의 너와 나의 관계에서 성립되는 것이 아니라, 나의 주님과의 관계, 그리고 너의 주님과의 같은 관계에서 성립되는 사귐입니다. 곧 성도 각자가 주님과의 일정한 관계 곧 사귐을 가짐으로써 성도들 간의 관계 곧 사귐이 성립되는 것입니다.

따라서 성도의 코이노니아는 주님이 결정지어 주는 것입니다. 이를 영어로는 'Christian fellowship'이라고 하고,

독일어로 'Christogemeinde' 라고 부릅니다.

그래서 요한일서 1장 3절에서 "우리의 사귐은 아버지와 그 아들 예수 그리스도와 함께 함이라"고 하였습니다.

그러면 성도의 코이노니아의 특징과 그것이 의미하는 바가 어떤 것인지 살펴보기로 합시다.

1. 성도의 교제는 그리스도 중심의 사귐입니다.

성도의 교제는 그리스도를 중심으로 하며 그와 함께 하는 교제입니다.

요한일서 1장 3절에서 사도 요한은 "우리가 보고 들은 바를 너희에게도 전함은 너희로 우리와 사귐(κοινωνία)이 있게 하려 함이니, 우리의 사귐은 아버지와 그 아들 예수 그리스도와 함께 함이라"고 하였습니다. 이렇듯이 성도의 교제는 그리스도를 중심으로 하며 그와 함께 하는 교제입니다.

여기에 교회에서의 성도의 교제의 특징이 있는 것입니다. 곧 성도는 교회의 머리 되시는 예수 그리스도를 믿어 그 분과와의 교제가 있기에 성도 상호간에 교제가 있게 된 것입니다. 이 사귐은 주님 안에서 이루어진 것입니다. 그런 까닭에 성도의 사귐은 필리아(φιλία)나 헤타이레아(ἑταιρεία)

와는 구별되는 것입니다.

그러기에 성도 각자가 주님과의 관계가 분명하다면 상호 간의 관계는 견고한 것입니다. 음부의 권세가 이길 수 없는 코이노니아가 생기는 것입니다. 그리하여 우리는 주님 안에서 하나됨을 체험합니다. 사도신경에서 '성도가 서로 교통하는 것' 을 믿는다는 것은 바로 이런 진리를 고백하는 것입니다.

우리는 이를 성만찬에 참여할 때 새삼 느끼고 체험합니다.

성찬식에서 주님의 살과 피를 기념하며 함께 그를 나누는 가운데서 성도의 사귐의 신비가 압축되어 있는 것을 체험합니다. 우리 성도들은 이 성찬식을 통하여서 위로는 하나님과 교통하고 또한 좌우로는 모든 성도들과 교제하는 것입니다. 동시에 주님이 약속하신 영원한 구원을 함께 체험합니다. 그리하여 영어로는 성찬식을 '거룩한 사귐(Holy Communion)' 이라고 부릅니다.

사도 바울은 고린도전서 10장 16-17절에서 이 감격을 다음과 같이 말하고 있습니다.

"우리가 축복하는 바 축복의 잔은 그리스도의 피에 참여함이 아니며 우리가 떼는 떡은 그리스도의 몸에 참여함이

아니냐 떡이 하나요 많은 우리가 한 몸이니 이는 우리가 다
한 떡에 참여함이라.”

2. 성도의 코이노니아는 사랑의 사귐입니다.

성도의 코이노니아에서는 주님을 믿는 그 많은 성도 간에
사랑의 교제가 있습니다.

히브리서 12장 1절에는 “이러므로 우리에게 구름같이 둘
러싼 허다한 증인들이 있으니”라고 하였습니다.

그런 까닭에 참된 신앙생활을 하는 성도는 고독하지 않습
니다. 살 때에도 고독하지 않고 죽을 때도 고독하지 않습니
다. 성도에게는 임마누엘 되시는 주님이 늘 같이 하실 뿐 아
니라, 주 안에서 형제자매의 교제가 있기 때문입니다.

사도행전 2장 44-45절에 나타나는 초대 성도들의 사귐
과 그들이 유무상통하는 모습은 바로 좋은 본보기입니다.

“믿는 사람이 다 함께 있어 모든 물건을 서로 통용하고,
또 재산과 소유를 팔아 각 사람의 필요를 따라 나눠 주고.”

또한 고린도전서 12장 25-26절을 보면 성도들이 고난도
함께 합니다.

“몸 가운데서 분쟁이 없고 오직 여러 지체가 서로 같이

하여 돌아보게 하셨으니 만일 한 지체가 고통을 받으면 모든 지체도 함께 고통을 받고 한 지체가 영광을 얻으면 모든 지체도 함께 즐거워하나니.”

이와 같이 성도는 그리스도 안에서 서로 사랑하며 친밀합니다.

3. 성도의 사귐을 견고히 하도록 노력하여야 합니다.

우리 성도는 주님이 맺어 주신 성도의 교제를 귀중히 여기며 또한 성도의 코이노니아를 견고히 하도록 노력하여야 하겠습니다.

3-1. 우리의 신앙은 공동체 생활을 통하여 성장합니다.

여기서 우리가 기억하여 할 것은 우리의 신앙은 코이노니아, 곧 공동체의 친교생활을 통하여 성장한다는 사실입니다. 신앙은 나와 하나님, 그리고 이웃과의 관계에서 가져야 하는 것입니다.

주님께서도 제일 큰 계명이 무엇이냐고 하는 질문을 받으실 때, 이렇게 마태복음 22장 37-40절에서 대답하셨습니다.

“네 마음을 다하고 목숨을 다하고 뜻을 다하여 주 너의 하나님을 사랑하라 하셨으니 이것이 크고 첫째 되는 계명이요 둘째는 그와 같으니 네 이웃을 네 몸과 같이 사랑하라 하셨으니 이 두 계명이 온 율법과 선지자의 강령이니라.”

그러기에 성도의 신앙생활에서는 서로 사귀는 면을 중요시하고 모이기에 힘써야 합니다. 우리는 홀로 하나님께 기도할 수 있습니다. 그러나 그것만으로는 부족합니다. 모여서 함께 기도하는 데 은혜가 더 있습니다. 우리는 홀로 찬송을 부르며 하나님께 예배드릴 수 있습니다. 그러나 여러 성도가 함께 모여서 예배드리는 데 더 큰 은혜가 있는 것입니다.

예를 들어서, 장작 한 개비에서는 불을 피워 올리기가 힘듭니다. 그러나 여러 장작개비를 함께 놓으면 불을 피워 올리기도 쉽고 큰 불길이 일어나는 것입니다. 이와 같이 성도 간의 교제는 중요한 것입니다.

우리 그리스도인들은 그리스도 안에서 서로 돕고 서로 위로해 주고 함께 기뻐함으로 역동적인 하나님의 능력을 경험하는 친교공동체를 이루는 자들입니다.

3-2. 성도는 서로 돕는 생활을 하여야 합니다.

성도의 아름다움은 서로 돕는 친교에 있습니다.

히브리서 13장 16절에 말씀하시기를 "오직 선을 행함과 서로 나눠 주기를 잊지 말라 이 같은 제사는 하나님이 기뻐하시느니라"고 하셨습니다.

성도가 서로 교통한다는 것은 주님의 사랑 안에서 동고동락, 상부상조의 생활을 한다는 것입니다.

로마서 15장 1절에서 "우리 강한 자가 마땅히 연약한 자의 약점을 담당하고 자기를 기쁘게 하지 아니할 것이라"고 하였습니다. 또 로마서 12장 15절에서는 "즐거워하는 자들로 함께 즐거워하고 우는 자들로 함께 울라"고 하였습니다.

우리 성도들은 동고동락의 생활에 힘써야 합니다. 여러 교회가 이러한 데 힘쓰기 위하여 고아원, 양로원 같은 사회 복지 시설을 설립하거나 돕는 것은 마땅한 일입니다. 이러한 일에 성도는 힘써야 할 것입니다.

3-3. 성도의 삶에 코이노니아의 원리를 적용하여야 합니다.

그런데 오늘날 우리의 주의를 끄는 것은 교회에서 성도의 교제가 깨지는 경우가 종종 있다는 슬픈 사실입니다.

이에 성도들은 성도의 사귐은 코이노니아인 것을 깨닫고,

코이노니아의 원리에서 성도의 사귐을 돈독하게 하기에 힘써야 할 것입니다.

3-3-1. 성도의 사귐이 더 가까워지기를 원하십니까?

코이노니아의 원리에서는 성도 각자가 주님께 가까이 가면 갈수록 서로의 관계가 가까워집니다.

코이노니아 곧 삼각형의 원리에 따라 주님께 더 가까이 다가가십시오!

요한일서 1장 7절에 말씀하였습니다.

"저가 빛 가운데 계신 것같이 우리도 빛 가운데 행하면 우리가 서로 사귐이 있고 그 아들 예수의 피가 우리를 모든 죄에서 깨끗하게 하실 것이요."

이와 같이 신앙 안에서의 사귐은 주님과 내가 가까워지듯이 서로가 가까워지는 친교를 이루는 것입니다.

3-3-2. 성도 간의 갈등이 생깁니까?

성도 간에 갈등이 생길 때 그 해결책으로 슐러 박사는 말하기를, "Don't struggle with friends, but with God, Then you will struggle into him!" 라고 하였습니다.

이 말은 곧 어려움이 생긴 친구지간에 아웅다웅하지 말고 하나님과 아옹다옹하라는 것입니다. 그러면 하나님이 두 사람 사이를 붙여 주실 것이라는 말입니다.

한번은 미국 보스톤에서 부흥회를 인도한 적이 있습니다. 그 때 저를 접대하는 어떤 집사님의 가정이 아주 화목한 것을 보고, 그 비결이 무엇이냐고 물었습니다. 그랬더니 그가 말하기를, "실은 결혼하기 전 서로 사귈 때 어떻게나 성격이 다른지 결혼을 하면 자주 싸우게 될 것 같아서 여자보고 결혼하지 말자"고 했었답니다. 그 때 여자가 "한 가지만 약속하고 결혼하자"고 하면서, "우리가 싸우게 되면 잠깐만 멈추어 기도하고 나서 싸우기로 하자"고 제의하였답니다. "그 약속을 지켜서 우리 가정은 화평한 것입니다"라고 대답하는 것이었습니다.

그렇습니다. 각자가 주님과의 각도를 조절하면 너와 나 사이에 관계는 주님이 조정해 주시는 것입니다. 그러므로 먼저 하나님을 찾는 것이 신앙인의 친교를 이루는 비결입니다.

3-3-3. 여러분의 사귐에 기쁨이 있기를 원하십니까?

먼저 주님께 가까이 나가십시오. 주님의 기쁨이 깃들어서 피차간에 기쁨이 충만해질 것입니다. 그런데 사람들은 기쁨의 근원을 인간적인 데서 찾으려고 합니다.

미국 에모리 대학교에서 공부할 때 기도회와 성경공부로 만났던 많은 젊은이들이 있었습니다. 그들 가운데는 저만 만나면 누구 좀 소개시켜 달라고 조르던 청년들이 많았습니다. 그래서 어느 날, 무턱대고 조르는 그 청년들에게 도대체 어떤 사람을 원하는지 써오라고 했습니다. 그랬더니 정말로 써왔더군요. 읽어보니, 어찌나 바라는 조건과 따지는 여건들이 많은지 놀랄 지경이었습니다. 그래서 저는 그에게, 믿음을 우선적으로 보고 나서 그 사람의 다른 조건들을 살피고 결혼해야 하는 것이 아니냐고 말해 주었습니다.

세월이 흘러 한국에 돌아와서 가르치는데, 참으로 믿음이 좋은 한 신학대학원 여학생을 알게 되었습니다. 자연스러운 기회에, 이제 결혼해야 할 때가 아니냐고 물었더니, 좋은 사람 있으면 좀 소개해달라고 하면서 믿음이 좋고, 자신이 체험한 은혜도 공유하고 이해하는 그런 사람을 원한다고 하였습니다. 이번에는 제가 학벌이나 조건도 좀 비슷해야지 사람 만나는 것 아니냐고 물었습니다. 그러자 그 학생은 "그러한 것도 중요하지만, 주 앞에 가까이 갈 때 주님이 주시는 기쁨을 함께 나누지 못한다면 더 큰 것을 보지 못하는 것 아닙니까” 라고 말하더군요.

그렇습니다. 그 학생이 파악하고 있던 바와 같이, 기쁨은 주님이 주시는 중요한 선물입니다. 참 기쁨은 주님의 기쁨이 머물러 우리의 기쁨이 충만케 되는 것입니다(요 15:11). 이것이 주님이 원하시는 모임입니다. 이것은 너와 나 사이에서 생겨나는 기쁨과는 다른 것으로, 영속성이 있는 기쁨입니다. 깊이 기도하고 은혜를 듬뿍 받아보십시오. 하나님의 기쁨이 여러분 안에 듬뿍 깃들게 될 것입니다. 그러면 서로 나누게 됩니다. 어쩌면 서로 마구 포옹하게 될지도 모릅니다.

이처럼 주님의 기쁨은 주 앞에 가까이 가면 주님에게서 우리에게 전해지며 우리들 서로 간에까지 확장되고 충만해지는 것입니다. 여러분이 코이노니아적인 사귐 속에 있어, 주님께 가까이 감으로 주님의 기쁨이 우리에게 머물러 그것이 우리 안에 충만케 되기를 기원합니다.

이처럼 참 기쁨은 주님의 기쁨에서 오는 것입니다. 주님께서는 우리들에게 기쁨이 충만하기를 원하시며 위하여 기도하셨습니다. 우리 주님은 요한복음 15장 11절에서 말씀하였습니다.

“내 기쁨이 너희 안에 있어 너희 기쁨을 충만하게 하려 함이니라."

또 요한복음 16장 23-24절에서 말씀하였습니다.

"내가 진실로 진실로 너희에게 이르노니 너희가 무엇이든지 아버지께 구하는 것을 내 이름으로 주시리라 지금까지는 너희가 내 이름으로 아무것도 구하지 아니하였으나 구하라 그리하면 받으리니 너희 기쁨이 충만하리라."

3-3-4. 우리는 생의 초점을 그리스도에게 맞추어야 합니다.

코이노니아의 사귐에 있어서는 주님과의 올바른 관계가 선행되어야 합니다. 이런 관계는 실제 생활로 연결되어야 합니다. 그럴 때 성도의 교통이 튼튼하게 될 것입니다.

창세기 32장과 33장에 보면, 야곱은 20년이 넘게 형님과 갈등의 세월을 가졌었습니다. 그가 귀향할 때에 먼저 얍복강 나루터에서 하나님의 사자와 겨루어 이기는 기도를 했습니다. 그 기도에서 하나님을 체험하고 나서 그는 형과의 수십 년 갈등을 해결하게 되었습니다. 그로 인하여 그는 형과의 만남에서 하나님의 얼굴을 보는 것과 같은 자유함을 지닐 수 있게 된 것입니다.

시편 103:1–11

내 영혼아 여호와를 송축하라 내 속에 있는 것들아 다 그 성호를 송축하라. 내 영혼아 여호와를 송축하며 그 모든 은택을 잊지 말지어다. 저가 네 모든 죄악을 사하시며 네 모든 병을 고치시며, 네 생명을 파멸에서 구속하시고 인자와 긍휼로 관을 씌우시며, 좋은 것으로 네 소원을 만족케 하사 네 청춘으로 독수리같이 새롭게 하시는 도다. 여호와께서 의로운 일을 행하시며 압박당하는 모든 자를 위하여 판단하시는 도다. 그 행위를 모세에게, 그 행사를 이스라엘 자손에게 알리셨도다. 여호와는 자비로우시며 은혜로우시며 노하기를 더디 하시며 인자하심이 풍부하시도다. 항상 경책치 아니하시며 노를 영원히 품지 아니하시리로다. 우리의 죄를 따라 처치하지 아니하시며 우리의 죄악을 따라 갚지 아니하셨으니, 이는 하늘이 땅에서 높음같이 그를 경외하는 자에게 그 인자하심이 크심이로다.

제 9장

죄 사함

사도신경은 거룩한 교회와 성도가 서로 교통하는 것을 언급한 다음에 "죄를 사하여 주시는 것을 믿습니다."라고 고백합니다.

칼 바르트는 "인간이 성령을 받고 교회 안에 있다는 사실에서 무엇을 얻는가?"라는 질문에 대한 답변으로, "죄 용서이다. 은혜를 받는 것은 죄 용서를 받는 것이다"라고 하였습니다(칼 바르트, 『사도신경 해설』, p. 151, 154).

바클레이는 다음과 같이 말했습니다.

"교회는 우선 예수 그리스도의 활동을 통하여 가능하게 된 용서의 선물을 회개를 통하여 받아들이라고 호소하는 데에서부터 시작하였다. 그러므로 교회는 인간들이 용서를 발견할 수 있는 곳, 실패하였을 때 교정을 받을 수 있는 곳, 승리에 대한 보상을 받을 수 있는 곳과 마찬가지로 싸울 수 있는 힘도 발견할 수 있는 곳이 되었다.”(버클레이, 『사도신경 평해』, p. 373)

여러분 모두가 교회 생활을 하면서 이 모든 것을 얻을 수 있는 성도이기를 기원합니다. 우선 죄를 용서받아야 합니다.

1. 우리에게는 네 가지의 큰 죄가 있습니다.

우선 신약성서에서 죄를 가리키는 말들을 살펴보겠습니다. 신약성서에는 죄를 일컫는 몇 개의 낱말이 있습니다.

1) 아노미아(ανομια)라는 말입니다.

여기에서 ‘노모스(νόμος)’는 ‘법’을 가리키는 말이요, 그 앞에 있는 ‘a’는 ‘없다’는 것을 의미하는 접두사입니다. 그러니 이 말의 뜻은 ‘불법’을 의미합니다. 이 말은 요한일서 3장 4절에 나오는 죄에 대한 정의 가운데 들어 있는 말입니다. ‘죄는 율법을 위반하는 것’입니다.

하나님께서는 이 자연계가 질서 있게 운영되도록 하기 위해서 그 곳에 자연 법칙을 두셨습니다. 마찬가지로 하나님께서는 우리 인간을 내시고 인간 생활을 바로 하기 위하여 십계명을 위시하여 여러 도덕적 법을 주셨습니다. 이러한 하나님의 법을 범하는 것이 죄라는 것입니다. 이는 하나님의 법을 알면서도 자기 자신이 선택한 길을 걷는 사람의 죄를 말하는 것이며, 바른 것을 알면서도 악을 행하는 사람의 죄를 말하는 것입니다. '아노미아'는 신약성서에 11회나 나옵니다.

2) 파라바시스(παράβασις)라는 말입니다.

이는 파라바이노(παραβαίνω)라는 동사에서 나온 말인데, '넘어서 간다(overstep, passover)'는 뜻으로, 영어로는 'transgression'이라고 번역을 하였습니다. 곧 선과 악 사이에는 하나의 줄이 있는데 그 줄을 넘어가는 것이 죄가 된다는 뜻입니다. 신약성서에 6회 나옵니다.

이와 비슷한 말로 '파랍토마(παράπτωμα)'라는 말이 있습니다. 이 말은 '파라핍토(παραπίπτω)'라는 동사에서 나온 말로서, '잘못하여 떨어진다' 또는 '빠진다'라는 뜻입니다. 영어로는 위의 말과 같이 'transgression'이라고 번역을 하는데, 이 말의 뜻은 '미끄러져 넘어진다'는 의미입니다.

결국 이런 말로 표현되는 죄는 알든지 몰랐든지 간에 하나님의 법을 범하는 죄를 의미합니다.

우리가 범하는 개인적인 죄(personal sins)는 두 가지 종류로 구분할 수 있습니다. 하나는 의식적으로 범하는 죄(voluntarily transgression of the known law of God)요, 다른 하나는 무의식 중에, 다른 말로 표현하면, 모르고 하나님의 법을 범하는 죄(involuntarily transgression of the perfect law of God, known or unknown, 또는 sinning without knowing), 곧 허물입니다.

3) 하마르티아(ἁμαρτια)란 말이 있습니다.

이 말은 누가복음 11장 4절에서 나오는 것을 위시하여 신약성서에 무려 170회 이상 나옵니다. '하마르티아'는 동사 '하마르타노(ἁμαρτάνω)'에서 나온 말입니다.

이 말은 원래 사격술의 용어로, 쏜 화살이나 던진 창이 표적에서 빗나갔을 때 사용한 말입니다(missing the mark). 그러니까 죄란 우리가 마땅히 되어야 했으며, 되어야 하고, 또 될 수 있는 모든 최선에서 경지에 미달된 상태를 말하는 것입니다.

이런 의미에서 이 말 '하마르티아(ἁμαρτία)'는 때로는 하나의 상태로서의 죄, 하나의 개인적인 행동으로서의 죄, 또는 인간을 지배하고자 하는 힘으로서의 죄를 일컬어 사용되기도 하였습니다(롬 7:7, 6:12 참조).

요한일서 1장 7절에서처럼 이 낱말을 정관사 없이 단수로 사용할 때에는 상태 또는 성질로서의 죄를 가리키는 것입니다. 이 말을 복수로 그리고 정관사를 붙여 사용함으로 개인이 지은 죄, 죄의 결과(guilt, sin)로 요한일서 1:9-10에서 가리키곤 하였습니다.

또한 신약성경에는 '하마르타노(άμαρτάνω)'에서 나온 말로서 '하마르티아(άμαρτία)'와 비슷한 낱말이 있습니다. 곧 하마르테마(άμάρτημα)입니다. 이 말은 신약에 5회밖에 나오지 않습니다. 이 말은 죄의 행동(sinful deed)을 가리킵니다.

4) 오페일레마(όφείλήμα)라는 말입니다.

이 말은 단 한 번, 마태복음 6장 12절에 있는 주기도문에 나오는 말입니다. "우리 죄를 사하여 주시옵소서." 이 말의 뜻은 빚(debt)입니다. 곧 우리가 하나님께 하여야 할 책임을 다 하지 못한 것이 죄라는 뜻입니다. 우리가 하나님께 지고 있는 빚이란, 단지 율법을 주신 자에 대하여 지고 있는 빚이 아니라, 무엇보다도 하나님의 크신 사랑에 대하여 우리가 지고 있는 의무를 다 못한 것을 의미하는 것입니다.

여기에 언급되는 죄는, 하나님의 법을 범하는 것 이상입니다. 하나님에 대한 의무를 다 하지 못하는 것도 죄입니다.

그 외에도, ἀσέβεια, ἀδικία, παρακοή라는 말들이 있습니다만, 이에 대한 설명은 생략하기로 합니다.

2. 우리 모두는 죄인입니다.

그러면 생각하여 봅시다. 이런 죄의 개념에 비추어 볼 때 죄인 아닌 사람이 있겠습니까? 이 땅에서 십계명을 위시하여 여러 가지 하나님의 계명을 어기지 않은 사람이 있겠습니까?

또한 원래 인간이 지음받은 뜻대로 최선의 사람이 되었다고 주장할 수 있는 사람은 거의 없을 것입니다. 또 자기가 해야 할 일을 완전하게 최선을 다하여 행하였다고 주장할 수 있는 사람도 없을 것입니다. 다른 사람과의 관계에 있어서도 완전하다고 주장할 수도 없을 것입니다.

또한 하나님의 그 크신 사랑에 대하여 우리가 의무를 다했다고 장담할 사람이 어디 있겠습니까? 이렇게 생각하면,

이러한 죄의 개념 아래서 죄 없다고 주장할 사람은 하나도 없을 것입니다. 우리 모두가 죄인입니다.

더구나 우리 인간은 우리의 조상인 아담의 범죄로 인하여 그 원죄가 전가된 부패한 존재입니다. 물론 이 원죄의 영향에 대한 신학적인 해석에는 신학자에 따라 차이가 있습니다.

존 웨슬리에 의하면 원죄의 죄책은 값 없이 주시는 하나님의 선행적 은총(prevenient grace)으로 사하심을 받았으나, 그 죄로 인한 부패성(depravity)은 모든 그의 후손들이 지니고 있습니다. 곧 인간성이 부패하였다는 것입니다.

예레미야 17장 9절에는 "만물보다 더 거짓되고 부패한 것은 사람의 마음"이라고 기록되어 있습니다.

예수님께서도 마태복음 15장 19절에서 말씀하시기를 "마음에서 나오는 것은 악한 생각과 살인과 간음과 음란과 도적질과 거짓 증거와 훼방이라"고 하셨습니다.

그러기에 인간은 죄를 짓게 됩니다. 모두가 죄인입니다. 로마서 3장 23절에서는 "모든 사람이 죄를 범하였으매 하나님의 영광에 이르지 못하였다"(롬 3:9 참조)라고 말합니다.

　한경직 목사님은 다음과 같은 이야기를 하신 적이 있습니다. 어떤 사람이 꿈 가운데 하늘나라를 가니, 천사가 큰 책을 그의 앞에 갖다 놓았습니다. 무슨 책이냐고 물어 보니 천사는 "그 책 가운데는 당신이 세상에 있을 때 행한 모든 것이 기록되었다"고 대답하더라는 것입니다. 첫 장을 펴 보니 작은 글자가 가득하게 쓰여 있는 것이 보였습니다. 그것이 무슨 기록인지 물으니 천사가 대답하기를 "당신이 세상에 살 때 행동으로 지은 모든 죄입니다"라고 하더라는 것입니다. 그 다음 둘째 장을 펼쳐 보았습니다. 그런데 그 속에는 첫 장보다 더 작은 글씨가 가득하게 쓰여 있었습니다. 그것이 무슨 기록인지 또 물으니, 천사가 "이것은 당신이 세상에 살 때 말로 지은 죄들입니다"라고 대답하더라는 것이죠. 그 다음 셋째 장을 펼쳐 보니까, 둘째 장보다 더 작은 글씨로 된 기록이 더욱 많이 있길래 무슨 기록인지를 또 물었습니다. 그러자 천사는 "이것은 당신이 마음 가운데서 생각으로 지은 죄입니다"라고 대답했습니다. 다음 장을 펼쳐 보니 이번에는 글자가 전혀 보이지를 않고 새까맣습니다. 그것이 무엇인지를 묻는 사람에게 천사는 "이것은 당신의 마음입니다"라고 대답하더랍니다(한경직, 「사도신경 강해」, pp. 81-82).

여기서 한경직 목사님은 죄를 사하여 주시는 것을 믿는다는 사도신경의 고백은 "'첫째로 나는 죄인입니다' 라고 고백하는 것이다"라고 하셨습니다.

3. 하나님이 죄를 용서하여 주십니다.

아담의 타락 이후에 하나님은 짐승의 가죽 옷을 지어 입히신 이후 죄 없는 짐승이 대신 죽게 하는 제사 제도로서 죄 사함이 있음을 계시하여 주었습니다.

또한 예수 그리스도를 십자가 제단에 달리게 하시고 장사한 지 사흘만에 다시 살게 하심으로 우리의 죄 값을 대신 하시게 하신 것은 죄 사함을 받을 수 있는 길을 여셨다는 것입니다.

3-1. 하나님은 우리를 죄에서 구원하시기를 원합니다.

사도신경은 "죄를 사하여 주시는 것을 믿습니다."라고 확신을 가지고 고백합니다.

위에서 언급한 대로 우리가 죄인이지만 하나님은 그와 같은 죄인도 용서하여 주신다는 것이 전체 성경의 교훈입니다. 따라서 "죄를 사하여 주시는 것을 믿습니다."라고 하는 것은 이 신조의 골자입니다.

시편 103편 8절을 보면, 여호와는 자비로우시며 은혜로우시며 노하기를 더디 하시며 인자하심이 풍부하신 분이라고 하였습니다.

따라서 하나님은 우리의 죄를 따라 처치하지 아니하시며 우리의 죄악을 따라 갚지 아니하십니다(시 103:10). 그리하여 시편 기자는 103편 11절에서 "이는 하늘이 땅에서 높음같이 그를 경외하는 자에게 그 인자하심이 크심이로다"라고 하였습니다.

시편 기자는 시편 103편 1-11절에서 다음과 같이 표현하고 있습니다.

"내 영혼아 여호와를 송축하라 내 속에 있는 것들아 다 그 성호를 송축하라 내 영혼아 여호와를 송축하며 그 모든 은택을 잊지 말지어다 저가 네 모든 죄악을 사하시며 네 모든 병을 고치시며 네 생명을 파멸에서 구속하시고 인자와 긍휼로 관을 씌우시며 좋은 것으로 네 소원을 만족케 하사 네 청춘으로 독수리같이 새롭게 하시는도다 여호와께서 의로운 일을 행하시며 압박당하는 모든 자를 위하여 판단하시는도다 그 행위를 모세에게 그 행사를 이스라엘 자손에게 알리셨도다 여호와는 자비로우시며 은혜로우시며 노하기를 더디 하시며 인자하심이 풍부하시도다 항상 경책치 아니하시며 노를 영원히 품지 아니하시리로다 우리의 죄를 따라 처치하지 아니하시며 우리의 죄악을 따라 갚지 아니하셨으니 이는 하늘이 땅에서 높음같이 그를 경외하는 자에게 그 인자하심이 크심이로다.”

이사야 1장 18절에서도 확실하게 말씀하였습니다.

“여호와께서 말씀하시되 오라 우리가 서로 변론하자 너희 죄가 주홍 같을지라도 눈과 같이 희어질 것이요 진홍같이 붉을지라도 양털같이 되리라.”

다시 말해서 하나님께서는 주홍같이 붉은 죄라도 용서하시고 흰 눈과 양털같이 깨끗하게 하여 주신다는 약속입니다.

이는 신약성서에 정확하게 언급되고 있습니다.

로마서 3장 25절에서는 그가 십자가에서 죽음으로 우리 죄를 위하여 화목제물이 되셨다고 말하고 있습니다(요일 2:2). 그리고 그렇게 하신 이유는 저를 믿는 자마다 멸망치 않고 영생을 얻게 하려 하심임을 강조하였습니다(요 3:16).

그러므로 우리는 죄인임에도 불구하고 소망이 있는 것입니다.

성경을 보면, 일곱 귀신이 들렸던 막달라 마리아도 구원

받아 깨끗한 사람이 되었습니다. 도둑놈인 세리 마태도 하나님의 자녀, 아니 예수님의 제자가 되었습니다.

그러기에 우리는 죄가 크다고 하여 절망하거나 낙심할 것이 아닙니다. 성경은 로마서 5장 20절에서 말씀하기를 '죄 많은 곳에 은혜가 더 풍성하다'고 하였습니다.

3-2. 죄 사함 받는 길은 열려 있습니다.

그러면 어떻게 이런 놀라운 사죄의 역사가 이루어질 수가 있습니까? 어떻게 죄인이 용서를 받고 구원을 받을 수 있는 것입니까?

이미 언급한 대로, 먼저는 하나님께서 우리를 구원하시기를 원하시어 이미 하신 일이 있고, 또한 지금도 하나님은 성령을 통하여 역사하고 계시기에 가능한 것입니다. 그러나 우리 인간이 하여야 할 일도 있다는 것을 잊어서는 안 됩니다.

3-2-1. 하나님은 우리를 구원하시고자 예수님을 보내셨습니다.

다시 한 번 하나님께서 하신 일을 기억합니다.

하나님 아버지께서는 우리를 구원코자 예수를 보내셨습니다. 하나님은 천사를 통하여 예수 오심에 대하여 마태복음 1장 21절에서 이렇게 말씀하셨습니다.

"아들을 낳으리니 이름을 예수라 하라 이는 그가 자기 백성을 저희 죄에서 구원할 자이심이라."

사도 요한은 요한일서 4장 10절에서, 오직 하나님이 우리를 사랑하사 우리 죄를 위하여 화목제물로 그 아들을 보내셨음을 선포하였습니다.

세례 요한은 요한복음 1장 29절에서, 예수님이 요단강에서 세례를 받으시고 자기에게 나타나실 때 다음과 같이 외쳤습니다. "보라 세상 죄를 지고 가는 하나님의 어린 양이로다."

예수님께서도 그가 세상에 온 것은 의인을 부르러 온 것이 아니요 죄인을 불러 구원하러 온 것이라고 말씀하셨습니다(마 9:13, 눅 5:32, 19:10).

3-2-2. 예수님이 세상 사람의 죄를 위한 화목제물이 되셨습니다.

예수님은 이 땅에 오셔서 임마누엘로 천국 복음을 전파하시고, 우리 죄인을 위하여 하나님의 자비와 사랑을 보여 주시며, 하나님의 성품을 보여 주셨습니다.

그리고 마지막에는 만민의 죄를 대속하기 위하여 십자가에서 보혈을 흘리셨습니다. 곧 요한일서 2장 2절에서 지적한 대로, 세상 사람의 죄를 위한 화목제물이 되시어 우리가 믿음으로 죄 사함을 받는 길을 열어 주셨습니다.

사도 바울은 이에 대하여 로마서 3장 21-26절에서 다음과 같이 말합니다.

"이제는 율법 외에 하나님의 한 의가 나타났으니 율법과 선지자들에게 증거를 받은 것이라 곧 예수 그리스도를 믿음으로 말미암아 모든 믿는 자에게 미치는 하나님의 의니 차별이 없느니라 모든 사람이 죄를 범하였으매 하나님의 영광에 이르지 못하더니 그리스도 예수 안에 있는 구속으로 말미암아 하나님의 은혜로 값 없이 의롭다 하심을 얻은 자 되었느니라 이 예수를 하나님이 그의 피로 인하여 믿음으로 말미암는 화목 제물로 세우셨으니 이는 하나님께서 길이 참으시는 중에 전에 지은 죄를 간과하심으로 자기의 의로우심을 나타내려 하심이니 곧 이 때에 자기의 의로우심을 나타내사 자기도 의로우시며 또한 예수 믿는 자를 의롭다 하려 하심이니라."

3-2-3. 성령님께서 우리 안에서 역사하십니다.

성령님께서는 예수님께서 이룩하신 구원을 우리 안에서 이루어지게 하기 위하여 우리 안에서 역사하십니다.

주님께서 요한복음 16장 15절에서 말씀하시기를 "그가 곧 성령이 내 것을 가지고 너희에게 알리리라"고 하셨습니다.

또한 요한복음 16장 8절에 보면, 성령님이 죄에 대하여, 의에 대하여, 심판에 대하여 세상을 책망하십니다.

성령님은 또한 교회의 복음 선포를 통하여, 또는 세례식을 통하여, 간접으로 하나님의 구원 약속과 인간의 호응을 호소합니다. 그러니까 우리가 죄에서 용서 받는 은혜는 가능한 것입니다.

3-3. 구원이 이루어지기 위해서는 우리가 회개하고 믿어야 합니다.

하나님은 이러한 구원이 이루어지기 위해서는 복음을 듣는 자가 회개와 믿음으로 호응할 것을 요청하십니다.

마가복음 1장 15절에서 볼 수 있듯, 예수님은 그의 처음 메시지에서 회개와 믿음을 호소하셨습니다. "때가 찼고 하나님의 나라가 가까웠으니 회개하고 복음을 믿으라."

사도 베드로가 오순절에 은혜 받고 외친 사도행전 3장 19절과 2장 38절의 첫 메시지에서도 회개가 강조되고 있습니다. "그러므로 너희가 회개하고 돌이켜 너희 죄 없이 함을 받으라 이같이 하면 유쾌하게 되는 날이 주 앞으로부터 이를 것이요.”

예수님께서 마지막으로 누가복음 24장 27절에서 제자들에게 부탁하신 메시지도 죄 사함을 받게 하는 회개를 전파하라는 것이었습니다.

그러므로 회개하고 믿으시기 바랍니다.

회개라는 것이 무엇입니까?

하나님 앞에서 자기를 아는 것입니다. 곧 하나님의 빛 아래서 자신이 죄인인 것을 철저히 깨닫는 것입니다.

그리고 깨달은 나머지 모든 죄에서 거룩한 것으로 마음을 바꾸는 것입니다. 곧 그리스도를 전적으로 의존하기 전에 자신에 대한 의뢰에서 벗어나 주님께로 향하는 것입니다.

복음을 믿는다고 할 때, 그 복음의 주요 내용은 무엇입니까?

첫째, 예수 그리스도께서 죄인을 구원하시기 위하여 세상에 오셨다는 것입니다.

둘째, 하나님께서 세상을 이처럼 사랑하사 그의 아들을 보내어 우리를 대신하여 죽으시게 하셨다는 것입니다.

셋째, 그리스도께서 우리 죄인을 위하여 고난을 당하셨으며, 그를 인하여 우리가 고침을 받는다는 것입니다.

그런고로, 믿는다는 것은 이 진리에 지적으로 동의할 뿐만 아니라 전적으로 신뢰(trust)하는 것입니다.

요한 웨슬리는 이 믿음에 대하여 다음과 같이 설명했습니다.

"이 믿음은 이교도의 신앙과 다릅니다. 둘째로 마귀의 믿음과도 다릅니다. 마귀의 신앙은 이교도의 신앙보다는 훨씬 앞섰습니다. 왜냐 하면, 마귀는 예수가 하나님의 아들로서 그리스도이신 것을 알고 있었기 때문입니다.

그러면 우리를 구원에 이르게 하는 믿음은 어떤 것입니까? 그리스도인의 믿음이란, 그리스도의 복음 전체에 대한 동의일 뿐 아니라 또한 그리스도의 보혈에 전적으로 의뢰하는 것, 즉 예수의 생애와 죽음과 부활의 공로를 신뢰하고 우리를 위하여 자기를 버리고 또한 우리 안에 살아 역사하시는 우리들의 대속자시요 생명이신 그리스도에게 전적으로 의존하는 것입니다.

이것은 그리스도의 공로를 통하여 우리의 죄를 용서받고 하나님의 사랑으로 화해되었다는 확실한 신념입니다. 마침내 우리의 지혜와 의와 성결과 구속, 한 마디로 말해 우리의 구원이신 그에게 가까이 하여 결국 접붙여지는 것을 말합니다(Sugden, ed. *Sermon of John Wesley*, I. 159).

사도 요한은 요한일서 1장 9절에서, 회개하고 믿는다는 것은 곧 죄를 자백하는 것이라고 하였습니다.

"만일 우리가 우리 죄를 자백하면 저는 미쁘시고 의로우사 우리 죄를 사하시며 모든 불의에서 우리를 깨끗케 하실 것이요."

여기 자백이라는 말은 헬라어로 '호모로겐'(ὁμολογέν), 곧 주님께서 보시고 말씀하시는 대로 인정하고 고백한다는 뜻입니다.

이것은 내가 보는 내 모습이 아닌, 주님께서 보시는 모습 그대로를 자백하고 주님을 믿어야 하는 것입니다.

3-4. 구원의 조건에는 회개와 믿음밖에는 없습니까?

구원의 조건에는 회개와 믿음 밖에는 없다는 말입니까?

구원의 길에는 여러 방법이 있을 것이라고 주장하는 사람들이 있습니다. 또는 회개하고 믿는 것은 보다 좋은 길(The better way)일 뿐이라고 말하는 학자들이 있습니다. 이것이 소위 신학적 다원주의(Theological Pluralism)의 주장입니다. 모든 것을 상대적으로 생각하며 절대적인 것을 부정하는 현대인들에게 파급되고 있는 사상입니다. 그래서 이들은 회개하고 믿는 방법은 많은 길 가운데 하나라고 생각하는 것입니다.

그러나 우리가 분명히 알아야 할 것은, 오직 이 길밖에 없다는 것입니다. 하나님이 그런 조건을 제시하셨기 때문이지요. 또한 이것은 이치에 맞는 이론입니다.

생각해 보세요. 누가복음 5장 32절에 보면, 예수님이 오신 목적이 죄인을 불러 구원케 함에 있다고 했는데 정작 나는 죄인이 아니라고 한다면 만남이 이루어지겠습니까?

두 물체가 만날 때도 교차점(point of contact)은 둘이 아니고 하나밖에 없는 것입니다. 예수님이 십자가에서 우리들의 죄를 위하여 대속의 죽음을 당하셨는데 정작 나는 죄가 없다고 한다면 어떻게 예수와 내가 상관이 있겠습니까?

또한 기억할 것은 우리 하나님은 거룩하신 분이시지만 동시에 회개하는 심령에 함께 하시는 하나님이라는 것입니다.

성경의 말씀을 들어보세요. 이사야 57장 15절에 말씀하셨습니다.

"지존무상하며 영원히 거하며 거룩하다 이름하는 자가

이같이 말씀하시되 내가 높고 거룩한 곳에 거하며 또한 통회하고 마음이 겸손한 자와 함께 거하나니 이는 겸손한 자의 영을 소성케하며 통회하는 자의 마음을 소성케 하려 함이라."

또한 시편 34편 18절에서는 "여호와는 마음이 상한 자에게 가까이 하시고 중심에 통회하는 자를 구원하시는도다"고 하셨습니다.

성도 여러분! 명심하세요. 구원의 길은 하나밖에 없으니 예수 앞에 죄인임을 자백하고 그를 믿음으로 영접하여야 하는 것입니다.

성경의 증거는 명백합니다.

베드로도 누가복음 5장 8절에서, "시몬 베드로가 이를 보고 예수의 무릎 아래 엎드려 가로되 주여 나를 떠나소서 나는 죄인이로소이다"라고 고백하였던 것입니다. 베드로가 자기가 죄인인 것을 깨달았을 때 비로소 죄인을 구원하러 오신 예수님과의 진정한 만남이 이루어진 것입니다.

이는 필자인 저의 경우도 마찬가지였습니다. 저는 교역자의 아들로서 교회 울타리에서 성장했습니다. 따라서 자연스럽게 교회 출석도 하고, 주일학교 선생도 하였습니다. 그러나 고생스러워 보이는 목사는 결코 되고 싶지 않았습니다. 그런데 어떻게 내가 직장을 정리하고 신학교에 가게 되었으며 오늘날 목사가 되었던 것일까요? 나는 1946년 정월에 있었던 교회 부흥회에 참석을 하여 기도하는 가운데 내가 죄인인 것을 깨닫게 되었습니다. 그때 성령께서는 나를 회개와 믿음으로 인도하셨습니다. 이 사건은 내가 예수님을 나의 구주로 영접하게 된 동기가 되었습니다. 그 때의 감격이 얼마나 기쁘고 컸던지, 죽어도 목사가 안 되겠다던 제가 그리스도의 복음을 전하는 목사가 되겠다고 결심하게 되었습니다.

그렇습니다. 우리가 죄에서 용서받고 구원받는 조건은 회개와 믿음밖에 없습니다. 아직도 거듭나는 경험이 없는 분은 지체 말고 이 시간에 하나님 앞에 죄를 자백하며 믿음으로 예수를 구주로 영접하기를 바랍니다.

4. 하나님은 믿는 자를 자녀로 삼아 주십니다.

요한일서 1장 9절에 기록되어 있는 것처럼 하나님은 미쁘시고 의로우사 자기 죄를 자백하는 자 곧 회개하고 믿는 자의 죄를 용서하여 주시고 하나님의 자녀로 삼아 주십니다.

성경은 요한복음 1장 12절에서 분명하게 말씀합니다.

"영접하는 자 곧 그 이름을 믿는 자들에게는 하나님의 자녀가 되는 권세를 주셨으니."

이로써 죄 사함을 받은 자는 하나님과 올바른 관계를 갖게 됩니다. 곧 의롭다는 인정을 받는 것입니다. 그에게는 하나님 앞에서의 두려움이 사라지고 마음의 화평이 있게 됩니다. 소망이 있게 됩니다.

사도 바울은 로마서 5장 1-5절에서 말씀합니다.

"그러므로 우리가 믿음으로 의롭다 하심을 얻었은즉 우리 주 예수 그리스도로 말미암아 하나님으로 더불어 화평을 누리자 또한 그로 말미암아 우리가 믿음으로 서 있는 이 은혜에 들어감을 얻었으며 하나님의 영광을 바라고 즐거워하느니라."

"다만 이뿐 아니라 우리가 환난 중에도 즐거워하나니 이는 환난은 인내를 인내는 연단을 연단은 소망을 이루는 줄 앎이로다 소망이 부끄럽게 아니함은 우리에게 주신 성령으로 말미암아 하나님의 사랑이 우리 마음에 부은바 됨이니."

우리 모두 이 놀라운 하나님의 자녀의 특권을 누리게 되기를 기원합니다.

5. 죄 사함을 받은 하나님의 자녀는 할 일이 있습니다.

죄 사함을 받은 신자들은 크게 두 가지의 일을 하여야 합니다. 이것은 영적으로 출생한 자가 필수적으로 해야 하는 것입니다. 그리고 성화의 길로 들어서야 합니다.

5-1. 먼저 자신을 용서하여야 합니다.

대부분의 경우, 하나님께로부터 죄에서 용서받은 후에도 사람들은 과거에 지은 죄에 대한 죄책감 때문에 고통을 당합니다.

성도 여러분! 기억하세요.

하나님께서는 용서하시되 깨끗하게 용서하여 주십니다. 이사야 44장 22절에서 말씀하고 있습니다.

"내가 네 허물을 빽빽한 구름의 사라짐같이 네 죄를 안개의 사라짐같이 도말하였으니 너는 내게로 돌아오라 내가 너를 구속하였음이니라."

이렇게 하나님은 용서하신 죄는 기억도 하지 않으신다고 이사야 43장 25절에서 말씀하셨습니다.

"나 곧 나는 나를 위하여 네 허물을 도말하는 자니 네 죄를 기억지 아니하리라."

예수님께서 누가복음 15장에서 비유하신 탕자의 경우를 보세요. 그렇게 허랑방탕하고 창기와 놀아나던 둘째 아들이었지만, 그가 제 정신이 들어 회개하고 아버지 품으로 돌아오자 아버지는 그 아들을 환대하며 잔치를 베풀었습니다.

이와 같이 바로 우리 하나님은 회개하고 돌아오는 사람에게 복을 주시는 것입니다.

그런고로 죄에서 용서받은 신자는 자기를 용서하고 하나님의 품 안에서 기뻐하며 하나님께 감사하여야 합니다.

5-2. 다음은 남을 용서하여야 합니다.

우리는 자신이 용서받은 것과 같이 남의 죄를 용서하여야 합니다. 주님께서는 하나님이 우리를 불쌍히 여김같이 우리도 남을 불쌍히 여겨야 한다고 권고하고 계십니다.

그러면서 마태복음 18장 23-34절에서 비유로 교훈하고 있습니다.

"이러므로 천국은 그 종들과 회계하려 하던 어떤 임금과 같으니 회계할 때에 일만 달란트(60,000,000 데나리온, 1 데나리온은 하루 품값) 빚진 자 하나를 데려오매 갚을 것이 없는지라 주인이 명하여 그 몸과 처와 자식들과 모든 소유를 다 팔아 갚게 하라 한대 그 종이 엎드리어 절하며 가로되 내게 참으소서 다 갚으리이다 하거늘 그 종의 주인이 불쌍히 여겨 놓아 보내며 그 빚을 탕감하여 주었더니 그 종이 나가서 제게 백 데나리온(60만분의 1에 해당되는 돈) 빚진 동관 하나를 만나 붙들어 목을 잡고 가로되 빚을 갚으라 하매 그 동관이 엎드리어 간구하여 가로되 나를 참아 주소서 갚으리이다 하되 허락하지 아니하고 이에 가서 저가 빚을 갚도록 옥에 가두거늘 그 동관들이 그것을 보고 심히 민망하여 주인에게 가서 그 일을 다 고하니 이에 주인이 저를 불러다가 말하되 악한 종아 네가 빌기에 내가 네 빚을 전부 탕감하여 주었거늘 내가 너를 불쌍히 여김과 같이 너도 네 동관을 불쌍히 여김이 마땅치 아니하냐 하고 주인이 노하여 그 빚을 다 갚도록 저를 옥졸들에게 붙이니라.”

이 비유를 말씀하시면서 마태복음 18장 35절에서 주님은 말씀하십니다.

“너희가 각각 중심으로 형제를 용서하지 아니하면 내 천부께서도 너희에게 이와 같이 하시리라.”

우리가 주기도문을 통하여 “우리가 우리에게 죄 지은 자를 사하여 준 것같이 우리 죄를 사하여 주옵시고”라고 기도하듯이, 남의 죄를 용서하며 사는 성도가 되기를 바랍니다.

참 행복은 이렇게 죄를 용서하는 데 있는 것입니다. 죄는 우리가 갖고 있는 행복을 가져가버린다는 것을 명심해야 할 것입니다.

5-3. 성화의 과정으로 나가야 합니다.

이렇게 죄 사함 받은 자녀는 신생한 것과 같은 상태이기에 건강하게 자라가야 합니다. 자라지 않으면 장애 신자로 남게 되는 것입니다. 신자는 영적으로 성화의 과정에 들어가야 주님의 제자로 양육될 수 있으며, 자라지 않으면 평생 문제의 어린아이 신앙으로 남습니다.

히브리서 6장 1-2절에서 권고합니다.

"그러므로 우리가 그리스도 도의 초보를 버리고 죽은 행실을 회개함과 하나님께 대한 신앙과 세례들과 안수와 죽은 자의 부활과 영원한 심판에 관한 교훈의 터를 다시 닦지 말고 완전한 데 나아갈지니라."

또한 히브리서 12장 14절에서 말씀합니다.

"모든 사람으로 더불어 화평함과 거룩함을 좇으라 이것이 없이는 아무도 주를 보지 못하리라."

여기에 '거룩함' 이라는 단어는 헬라어로는 '하기아스모스($\dot{\alpha}\gamma\iota\alpha\sigma\mu\acute{o}\varsigma$)' 로 이는 '성화의 과정(process of sanctification)’ 을 의미합니다. 신자가 거룩하여지는 과정으로 나가지 않고서는 아무도 주님을 볼 수 없다는 말입니다.

이 말은 다른 말로 표현하면, 신자도 회개와 믿음으로 구원의 상태를 유지하며 성장하여야 한다는 것입니다.

5-3-1. 신자는 내재적인 죄에서의 씻음과 능력을 받아야 합니다.

어떤 신자는 질문합니다.

“나는 회개하고 예수를 믿음으로 영접하여 구원을 받았습니다. 그래도 회개하고 믿음으로 걸어가라는 것입니까?”

네, 그렇습니다.

왜냐하면, 구원의 시작과 계속, 그리고 완성은 오직 예수 그리스도를 통하여서만 가능한 것이기 때문입니다. 그런데 왕이시요, 선지자이시요, 대제사장이신 예수 그리스도와의 접촉점은 회개와 믿음 외에는 없는 것입니다.

이 점에 있어 존 웨슬리는 ‘신자의 회개’ 라는 유명한 설교를 하셨습니다. 그는 이 설교에서 강조하기를 거듭난 신자도 회개와 믿음으로 걸어가며 성장하여야 한다고 하였습니다.

그러면 어떤 의미에서 우리가 의롭다 함을 입은 후에도

계속 성장하여야 하며 그러기 위하여 회개하고 믿어야 하는 것입니까?

죄인이 되었던 우리들이 예수님의 보혈에 의한 구속을 받았을 때 하나님의 사랑이 우리 마음속에 비칩니다(롬 5: 5).

하나님의 나라가 그 속에 이어질 때, 우리는 더 이상 죄인이 아니며 우리의 죄는 가려질 뿐 아니라 멸절되었다고 생각하는 것은 당연한 일입니다.

그러나 모든 죄가 없어졌다고 생각하던 사람이 얼마 안가서 자기 마음속에 아직도 자만(自慢)이 남아있음을 느끼게 됩니다.

또한 그는 얼마 안 가서 자기 마음속에 고집(self will) 곧 하나님의 뜻과 반대되는 한 의지가 있음을 느끼게 됩니다. 고집은 자만과 마찬가지로 우상의 일종입니다. 이 둘은 모두 하나님의 사랑에 반대됩니다.

세상에 대한 사랑도 그렇습니다.

신자들이라 할지라도 이것을 그 마음속에 느끼지 않을 수 없습니다. 시간이 지남에 따라 순간일지는 모르지만 그는 다시 요한일서 2장 16절에 표현한 대로 육신의 정욕이라든지 안목의 정욕, 이생의 자랑을 느끼게 됩니다.

또한 우리는 하나님의 사랑에 반대하거나 혹 이웃도 사랑하지 않으려는 다른 성정들이 우리에게 있음을 느끼지 않습니까?

우리 속에서 이치에 어긋나고 감사를 모르는 생각이 고개를 들고 복수를 하도록 우리를 자극하지 않습니까?

또 로마서 12장 21절의 말씀에서 지적했듯이, 우리는 선으로 악을 이기는 대신 악을 악으로 갚으려는 충동을 받지 않습니까?

그러므로 우리는 의롭다 함을 입은 사람들의 마음속에 아직 죄적인 요소가 남아 있다는 것을 전적으로 인정할 수밖에 없습니다. 이를 '신자 안에 있는 죄' 또는 '내재적인 죄'라고 합니다. 따라서 신자는 갈등 속에서 고민하게 됩니다. 주님의 일을 하는 데 있어 능력도 없습니다.

사도 바울은 이런 고민을 로마서 7장 19-20절과 24절에서 다음과 같이 말했습니다.

"내가 원하는 바 선은 하지 아니하고 도리어 원하지 아니하는 바 악을 행하는도다 만일 내가 원하지 아니하는 그것을 하면 이를 행하는 자는 내가 아니요 내 속에 거하는 죄니라…오호라 나는 곤고한 사람이로다 이 사망의 몸에서 누가 나를 건져내랴."

신자가 성장하려면 그는 이런 죄에서 씻음을 받아야 합니다. 또한 위로부터 능력을 받아야 합니다.

이런 뜻에서 우리는 의롭다하심을 얻은 후에도 내재적인 죄에 대하여, 그리고 자기 힘으로는 거기서 벗어날 수 없는 자기의 무력함에 대하여, 회개를 하여야 하는 것입니다. 이러한 회개는, 거듭나기 위한 회개와 구분하여 신자의 회개라고 합니다.

우리가 이러한 죄에 대하여 회개하기 전에는 더 이상 앞으로 나갈 수 없는 것입니다. 병을 깨달을 때까지는 그 병을 치료할 수 없는 것과 같은 이치입니다. 신자는 이를 깨달음(회개)과 믿음으로 내재적인 죄에서 오는 갈등에서 벗어나, 성결의 은혜를 받아야 합니다. 곧 성령 충만의 은혜를 받아야 합니다. 예수 그리스도께서는 성도의 성결을 위하여서도 십자가에서 돌아가신 것이었습니다.

성경은 히브리서 13장 12절에서 말씀합니다.

"예수도 자기 피로써 백성을 거룩케 하려고 성문 밖에서 고난을 받으셨느니라."

오순절에 성령 충만의 은혜를 받은 사도들을 보세요. 사도행전 15장 9절에서 베드로가 말한 대로 그들이 오순절 날에 성령 충만을 받아 믿음으로 마음이 깨끗해지고 능력을 받아 승리의 생활을 하지 않았습니까?

내재적인 죄로 인한 갈등에서 벗어난 사도 바울은 로마서 7장 25절 – 8장 2절에서 다음과 같이 말합니다.

"고맙게도 하느님께서 우리 주 예수 그리스도를 통하여 우리를 구해 주십니다. 그러므로 이제 그리스도 예수와 함께 사는 사람들은 결고 단죄받을 일이 없습니다. 그것은 그리스도 예수와 함께 생명을 누리게 하는 성령의 법이 나를 죄와 죽음의 법에서 해방시켜 주셨기 때문입니다."(공동번역)

5-3-2. 성결한 사람도 계속 그리스도 보혈의 효험을 의지하고 살아야 합니다.

성결의 은혜로 모든 내재적인 죄에서 씻음을 받은 것은 틀림없습니다. 그러나 그 성결을 유지하기 위하여서는 계속 회개와 믿음으로 나가며 그리스도 보혈의 효험에 의존하여야 합니다.

왜냐하면, 우리가 말하는 성결은 인간이 지니고 있는 무지, 실수할 수 있는 가능성 등 인간의 연약성(infirmities)에서의 해방까지 의미하는 것이 아니기 때문입니다. 이런 것들에서의 자유는 예수님의 재림 때 있을 영화의 단계에서 이루어질 것입니다. 그러므로 인간은 살다 보면 자기도 모르게 실수하거나 또는 알지 못한 채 하나님의 법을 어길 수밖에 없는 것입니다.

예를 들면, 이는 마치 안경알에 미세한 먼지가 나도 모르는 사이에 끼는 것과 같습니다. 안경알을 아침에 물로 아주 깨끗하게 닦았는데 저녁에 보면 어느새 먼지가 끼어 있는 것을 보게 되는 것입니다.

어떤 학자들은 그래서 성결의 은혜란 있을 수 없는 것이라고 하여 체념합니다. 또 어떤 성결학자들은 알지 못하고 짓는 죄나 실수는 죄가 아니라고 고집합니다.

그러나 이 두 주장은 모두 잘못된 주장입니다.

요한 웨슬리는 실수로 짓는 죄 또는 자기도 모르게 범하는 죄는 자의적인 죄와는 구분되지만, 그래도 여전히 죄라고 봅니다.

야고보서 4장 17절에 말씀하시기를 "사람이 선을 행할 줄 알고도 행치 아니하면 죄니라"고 하였듯이 태만의 죄(sins of omission)도 죄입니다. 사랑의 관계에서는 늘 빚진 심정을 갖게 되는 것이기 때문입니다. 그러기에 우리는 주기도문으로 "우리의 죄(빚)를 용서하여 주시옵소서."하고 기도를 드려야 합니다.

그러므로 성결한 사람도 회개와 믿음으로 계속 그리스도

보혈의 효험을 의지하고 살아야 합니다.

신자는 그리스도의 죽음, 그리고 그의 중보의 기도가 없으면 의롭다 함을 받은 상태를 지속할 수가 없습니다.

이에 대하여, 성결의 상태는 유지될 수 없는 것이라고 속단하는 사람도 있습니다. 그리하여 성결의 복음을 부정하기까지 합니다. 그러나 그것은 성결의 복음의 깊이를 잘 이해 못한 데에서 나오는 오해입니다.

이에 우리는 회개와 믿음으로 순간순간 주를 의지함으로 성결한 상태를 유지하는 비밀을 알아야 합니다.

예를 들면, 안경을 아무리 깨끗이 닦아도 부지중에 미세한 먼지가 앉듯이 사람의 눈에도 미세한 먼지가 들어갑니다. 그러나 그럼에도 불구하고 건강한 사람의 눈에는 그 순간순간 눈물이 흘러 그로 인하여 그의 눈은 깨끗함을 유지합니다.

우리가 회개와 믿음으로 계속 성결함을 받은 상태에 있을 수 있는 것은 바로 그와 비슷한 이치에서입니다.

우리는 로마서 1장 17절에서 말씀한 대로 계속 회개와 믿음으로 나아가며, 다음과 같이 노래하게 됩니다.

"주여, 순간순간 나는 필요로 합니다. 주님의 죽음의 공로를."

또한 그뿐 아니라 믿음의 확신을 가지고 다음과 같이 외치게 됩니다.

"주여, 순간순간 나는 갖습니다. 당신의 죽음의 공로를."

이 말은 우리가 육체를 가지고 사는 한, 무의식 중에 하나님의 법을 어기는 허물이 있게 되지만, 우리는 예수님의 생애와 죽음 그리고 우리를 위한 그의 중보의 기도를 믿음으로 말미암아 순간순간 그 허물에서 씻음을 받기에 성결을 유지할 수 있다는 것입니다. 그리하여 우리에게는 지금 정죄함이 없을 뿐만 아니라, 또한 주님께서 우리 마음과 생활을 깨끗하게 하심으로 전에 있었던 형벌에 대한 두려움(desert)도 없는 것입니다.

바로 이같은 믿음으로 말미암아 우리는 순간순간 우리 위에 머물러 있는 그리스도의 능력을 느낍니다(고후 12:9). 우리가 오늘의 우리가 될 수 있는 것도 오직 이 믿음에 의한 것입니다. 이 믿음에 의해 우리는 영적 생활을 계속할 수 있습니다. 이 믿음이 없이는, 지금 우리가 모두 거룩하다고 할지라도 다음 순간에는 악마가 될 수밖에 없을 것입니다.

그러나 이사야 12장 3절에서 말씀한 것처럼, 우리가 예수 그리스도를 믿는 신앙 가운데 있는 한 '구원의 샘' 에서 물을 길을 수 있을 것입니다.

그러므로 하나님의 자녀들에게 있어서의 회개와 믿음은 바로 피차 간에 대답하는 것입니다. 회개함으로 우리는 우리의 마음속에 남아 있는 죄, 곧 말과 행동에 고착된 죄를 느낍니다. 그리고 믿음에 의하여 마음을 정결케 하고 손을 씻어 주시는 하나님의 능력을 받습니다.

회개에 의하여 우리는 우리 안에 아무 힘도 없다는 것을 늘 깨달으며, 믿음에 의하여 우리는 자비뿐 아니라 곤고한 때도 그리스도의 은혜를 받는 것입니다(히 4:16 참조).

회개는 말합니다. "주님 없이 나는 아무 것도 할 수 없노라."

믿음은 말합니다. "나에게 힘을 주시는 그리스도로 말미암아 나는 모든 것을 할 수 있느니라."(빌 4:13)

사랑하는 여러분!

하나님은 우리의 구원을 위하여 모든 것을 마련하시고 권하십니다. 주님을 회개와 믿음으로 영접하시기 바랍니다.

그를 영접하는 길은 회개와 믿음입니다. 계속 주님 안에 거하는 길도 회개와 믿음의 생활입니다.

이와 같이 믿음에서 믿음으로 나가면서 거룩한 삶을 걸으시며, 주님께서 주시는 능력을 힘입어 승리의 생활을 하는 모두가 되시기를 기원합니다.

제 10 장

몸의 부활

요한일서 3:2-3

사랑하는 자들아 우리가 지금은 하나님의 자녀라 장래에 어떻게 될 것은 아직 나타나지 아니하였으나 그가 나타내심이 되면 우리가 그와 같을 줄을 아는 것은 그의 계신 그대로 볼 것을 인함이니, 주를 향하여 이 소망을 가진 자마다 그의 깨끗하심과 같이 자기를 깨끗하게 하느니라.

몸의 부활

사도신경은 우리가 성령의 역사로 죄에서 사하심을 받아 구원받은 신자의 미래에 대하여 고백하게 하여 줍니다. ‘우리의 세계는 어떻게 될 것인가?’ 하는 인간의 본질적인 문제를 언급하고 있습니다. 이는 죽을 우리 인생 모두에게 직접적으로 관계되는 문제입니다.

사도신경은 "몸이 다시 사는 것을 믿습니다."라고 고백합니다.

1. 기독교는 영지주의를 배격합니다.

우리가 아는 대로 신경이라는 것은 한편으로는 어떤 이단 사상에 대하여 바른 신앙을 보호하기 위하여 만들어진 것입니다.

초대교회에는 한때 영지주의라는 이단 사상이 성행하여 교회를 괴롭혔습니다.

그들은 헬라 철학의 영향하에 인간의 몸을 경시하였습니다. 그들은 물질, 곧 육신은 악한 것이며 선에 도달하는 데 큰 방해가 된다고 생각했습니다. 이런 사고를 가진 그들에게 있어서 육을 종말론적인 유산으로서 생각한다는 것은 불가능하였습니다.

그리하여 그들은 구원이란 영혼이 육에서 벗어나는 것이라고 생각하였습니다. 따라서 죽음 후에 몸은 존재하지 않는다고 생각하였습니다. 그들이 바랄 수 있는 것은 오직 몸의 완전한 멸망과 순수한 영혼의 생존뿐이었습니다. 이러한 신앙을 가진 사람들에게는 몸이 부활한다는 것이란 최악의 상태인 것으로 여겨졌을 것입니다.

여기서 교회 안에 몸의 부활을 부정하는 이단이 생겼습니다. 디모데후서 2장 18절을 보면 부활이 이미 지나갔다고 주장하는 사람들이 있었습니다. 그들은 부활을 순전히 정신적인 경험으로 생각하여 사람이 예수 그리스도에게 있는 진리를 깨달았을 때 일어나는 경험을 부활이라고 가르친 것입니다.

또 어떤 사람들은, 부활은 신자가 세례받을 때에 일어났다고 말하기도 했습니다.

성경 로마서 6장 5-11절에서 사도 바울이 우리가 그리스도와 함께 죽었다가 다시 사는 것에 대하여 말한 바가 있습니다. 하지만 그런 영적 표현이 인간 사후에 몸의 부활이 있음을 부정하고 있는 것이라고 받아들여서는 안 됩니다. 왜냐하면, 사도 바울은 다른 많은 곳에서도 사후에 있을 몸의 부활에 대하여 언급하고 있기 때문입니다.

기독교는 영지주의자들의 주장과 그 영향하에서 생겨난 잘못된 학설들을 단호히 배격하였습니다.

기독교는 하나님께서 인간의 영혼과 육을 창조하셨다고 믿습니다. 하나님이 창조하신 인간은 몸과 영혼으로 되어 있는 복합적인 피조물입니다. 따라서 몸만을 가리켜 인간이라고 말할 수 없습니다. 또한 영혼만을 가리켜 사람이라고 할 수도 없습니다.

그리스도인은 하나님이 지으신 인간의 일부인 몸은 구원받을 수 없으며 멸망받아야만 하는 것이라고 믿지 않습니다. 오히려 그리스도인들은, 몸으로 하나님께 영광을 돌릴 수 있으며, 몸은 성령의 전이며 성령이 거하시는 곳이 될 수 있다고 믿습니다(고전 6:19-20).

그리스도인은 몸으로 하나님께 산 제사를 드려야 하는 것입니다(롬 12:1).

또한 하나님이 창조하신 것은 악한 것이 아닙니다. 귀한 것입니다. 그리하여 우리 그리스도인은 궁극적으로는 인간의 영혼과 몸이 모두, 곧 전체로서 구원을 받는다고 믿는 것입니다.

2. 몸의 부활은 기독론에 기초한 희망입니다.

사람의 몸이 다시 살아난다는 것은 예수 그리스도의 부활에 근거한 믿음입니다. 우리는 이미 사도신경의 둘째 조항인 기독론에서 이미 예수님의 부활과 미래를 언급했습니다. 성경은 고린도전서 15장 20절에서 예수님의 부활이 우리의 부활의 첫 열매가 되었다고 증언하고 있습니다.

그러므로 몸의 부활은 성령께서 초자연적으로 이룩하시는 구원 사건입니다.

2-1. 죽은 사람은 어떤 몸으로 부활합니까?

사도 바울은 그런 질문에 대하여 고린도전서 15장 35-44

절에서 아래와 같이 설명하고 있습니다.

"누가 묻기를 죽은 자들이 어떻게 다시 살며 어떠한 몸으로 오느냐 하리니 어리석은 자여 너의 뿌리는 씨가 죽지 않으면 살아나지 못하겠고 또 너의 뿌리는 것은 장래 형체를 뿌리는 것이 아니요 다만 밀이나 다른 것의 알갱이뿐이로되 하나님이 그 뜻대로 저에게 형체를 주시되 각 종자에게 그 형체를 주시느니라. 육체는 다 같은 육체가 아니니 하나는 사람의 육체요 하나는 짐승의 육체요 하나는 새의 육체요 하나는 물고기의 육체라 하늘에 속한 형체도 있고 땅에 속한 형체도 있으나 하늘에 속한 자의 영광이 따로 있고 땅에 속한 자의 영광이 따로 있으니 해의 영광도 다르며 달의 영광도 다르며 별의 영광도 다른데 별과 별의 영광이 다르도다. 죽은 자의 부활도 이와 같으니 썩을 것으로 심고 썩지 아니할 것으로 다시 살며 욕된 것으로 심고 영광스러운 것으로 다시 살며 약한 것으로 심고 강한 것으로 다시 살며 육의 몸으로 심고 신령한 몸으로 다시 사나니 육의 몸이 있은즉 또 신령한 몸이 있느니라."

이 말은, 지상의 것이 하늘의 것으로 연장되는 것이라 여겨지는 그러한 계속성은 없다는 것입니다. 그렇다고 부활에서 지상의 몸과 관계없는 새 몸이 생긴다고 생각해서는 안 됩니다.

다시 말해서, 그것은 무로부터의 두 번째 창조가 아니라, 오히려 고린도전서 15장 53절에서 말씀하듯이, 썩을 몸이 불멸의 옷을 입게 되고 죽을 몸이 불사의 옷을 입게 되는 것입니다.

여기에서 주목할 것은, '나'라는 동일성이 계속된다는 것입니다. 몸이라는 것이 바로 '나'라는 정체성, 동일성(identity)을 드러내는 것 아닙니까. 따라서 몸이 없는 영혼은 그 정체성(동일성)을 드러낼 수가 없습니다.

몸의 부활을 말하는 것은, 우리의 '나'라는 자아가 천국 문 앞에서 벗겨지거나 무의 심연 속으로 사라져 버리는 것이 아니라, 계속 '나'로 하나님 앞에 서게 된다는 것입니다. '나'의 삶과 존재의 참다운 계속성과 동일성이 지속된다는 것입니다.

그러므로 몸의 부활을 믿는 신자는 하나님 앞에 서는 그 날을 사모합니다. 또한 그러한 소망 가운데에서 거룩한 생활을 합니다.

사도 요한은 요한일서 3장 2-3절에서 다음과 같이 외칩니다.

"사랑하는 자들아 우리가 지금은 하나님의 자녀라 장래

에 어떻게 될 것은 아직 나타나지 아니하였으나 그가 나타 내심이 되면 우리가 그와 같을 줄을 아는 것은 그의 계신 그 대로 볼 것을 인함이니 주를 향하여 이 소망을 가진 자마다 그의 깨끗하심과 같이 자기를 깨끗하게 하느니라.”

그러므로 우리 모든 그리스도인들은 거룩한 소망을 가지 고 거룩하게 살아가야 합니다.

2-2. 언제 부활하는 것입니까?

이런 찬란한 부활의 사건이 언제 일어납니까?

우리는 구속 사건은 모두 예수 그리스도를 통하여 이루어 지며 또한 그리스도 안에서 완성된다는 사실을 이해해야 합니다.

곧 하나님은 과거의 사건인 그리스도의 죽음과 부활로써 구원의 근거를 마련하셨으며, 현재에 있어 그리스도의 영 을 통하여 영적으로 우리를 구원하시고, 장래 그리스도가 재림하실 때에 몸의 부활로 우리의 구원을 구체적으로 완 성시키시는 것입니다.

이에 대하여 주님은 일찍이 요한복음 6장 40절에서 말씀 하였습니다. 공동 번역을 보면 다음과 같습니다.

“그렇다. 아들을 보고 믿는 사람은 누구나 영원한 생명을 얻게 하는 것이 내 아버지의 뜻이다. 나는 마지막 날에 그들을 모두 살릴 것이다.”

사도 바울도 이에 대하여 고린도전서 15장 50-52절에서 다음과 같이 언급하였습니다.

“형제들아 내가 이것을 말하노니 혈과 육은 하나님 나라를 유업으로 받을 수 없고 또한 썩은 것은 썩지 아니한 것을 유업으로 받지 못하느니라 보라 내가 너희에게 비밀을 말하노니 우리가 다 잠잘 것이 아니요 마지막 나팔에 순식간에 홀연히 다 변화하리니 나팔 소리가 나매 죽은 자들이 썩지 아니할 것으로 다시 살고 우리도 변화하리라.”

데살로니가전서 4장 16-17절에서도 말씀하고 있습니다.

“우리는 주님의 말씀을 근거로 해서 말합니다. 주님께서 다시 오시는 날 우리가 살아남아 있다 해도 우리는 이미 죽은 사람들보다 결코 먼저 가지는 못할 것입니다. 명령이 떨어지고, 대천사의 부르는 소리가 들리고 하느님의 나팔 소리가 울리면 주님께서 친히 하늘로부터 내려오실 것입니다. 그러면 그리스도를 믿다가 죽은 사람들이 먼저 살아날 것이고, 다음으로는 그 때에 살아남아 있는 우리가 그들과 함께 구름을 타고 공중으로 들리어 올라가서 주님을 만나게 될 것입니다. 이렇게 해서 우리는 항상 주님과 함께 있게

될 것입니다."(공동번역)

우리가 관심을 갖고 있는 부활은 첫째 부활과 둘째 부활로 요약할 수 있습니다.

고린도전서 15장 23-24절에 말씀하고 있는 대로, 각각 자기 차례대로 이루어질 것이니, 첫째는 첫 열매인 그리스도의 부활이요, 그 다음은 그리스도가 강림하실 때 성도가 일어나는 것이요, 또 환난에서 이긴 성도들이 일어날 것입니다(계 20:4-6). 이를 우리는 첫째 부활이라고 합니다.

그리고 나중에 심판을 받기 위하여 죄인들의 부활이 있을 것입니다(요 5:29, 계 20:12-15). 이를 우리는 두 번째 부활이라고 칭합니다.

그러나 성경은 주님의 재림 곧 주의 날은 임박하였으나 언제인지는 모른다고 말합니다.

사도 바울은 데살로니가전서 5장 2-4절에서 다음과 같이 말하고 있습니다.

"주의 날이 밤에 도적같이 이를 줄을 너희 자신이 자세히 앎이라 저희가 평안하다 안전하다 할 그 때에 잉태된 여자에게 해산 고통이 이름과 같이 멸망이 홀연히 저희에게 이르리니 결단코 피하지 못하리라."

이어서 사도 바울은 데살로니가전서 5장 6-8절에서 권고합니다.

"그러므로 우리는 다른 이들과 같이 자지 말고 오직 깨어 근신할지라. 자는 자들은 밤에 자고 취하는 자들은 밤에 취하되 우리는 낮에 속하였으니 근신하여 믿음과 사랑의 흉배를 붙이고 구원의 소망의 투구를 쓰자."

우리 신자들은 오직 영적으로 깨어 있어 부지런한 신앙의 자세를 갖는 최선의 길을 선택해야 할 것입니다.

3. 왜 주의 재림이 더딘 것입니까?

여기에 따라 나오는 다음과 같은 세 가지 질문들이 있습니다.

1) 왜 이렇게 놀라운 구원사건 즉 몸의 부활이 일반적으로는 죽음을 통과 한 뒤에 오게 하셨는가? 곧 왜 죽음이 있게 하셨는가?

2) 그리고 부활 이전의 죽은 영혼은 어떤 상태에 있는가?

3) 왜 주님의 강림 곧 몸의 부활의 사건이 더딘 것인가?

우리는 오늘 이것들에 대하여 생각하며 은혜를 입고자 합니다.

3-1. 왜 죽음이 있게 하셨습니까?

왜 이렇게 놀라운 구원사건(몸의 부활)을, 일반적으로 죽음을 통과한 뒤에 오게 하셨는가? 다시 말해서, 왜 죽음이 있게 하셨는가? 하는 질문이 나옵니다.

성경은 히브리서 9장 27절에서 말씀하기를 "한 번 죽는 것은 사람에게 정하신 것이요 그 후에는 심판이 있으리니"라고 하셨습니다. 다시 말해서, 하나님은 이 약속하신 구원을 구현하심에 있어서, 하나님의 경륜 가운데, 사람이 마지막 심판에 이르기 전에 육체적으로 한 번 죽는 것으로 정하셨다는 것입니다.

또한 전도서 7장 2절에서 말씀하시기를 "초상집에 가는 것이 잔칫집에 가는 것보다 나으니 모든 사람의 결국이 이와 같이 됨이라 산 자가 이것에 유심하리로다"고 하셨습니다.

그렇다면 죽음을 통하여 주시고자 하는 큰 교훈이 있는 것이 아닙니까? 죽음이 왜 생겼으며 또 무엇을 의미합니까?

죽음은 사람, 곧 아담이 하나님 앞에 범죄함으로 인하여 들어 온 것입니다(창 3장). 하나님은 본래 인간은 영원한 존재, 하나님과 공재하는 생명체로 창조하셨습니다.

그러나 인간이 죄를 범함으로 인하여 하나님과의 교제에 있어 단절이 생겼습니다. 이것이 죽음입니다.

그러나 요한일서 4장 8절에서 말씀하듯이 하나님은 사랑이십니다. 그의 아들 예수 그리스도의 대속을 통하여 인류를 죽음이라는 단절에서 구원하시기를 계획하신 것입니다.

그러므로 우리는 자기의 죄를 회개하고 예수를 구주로 믿음으로써 영생(永生)을 얻게 되어 있습니다. 이것이 하나님께서 예수 그리스도 안에서 은혜로 마련하신 구원입니다.

성경이 가르치는 바에 의하면, 하나님은 우리가 예수를 믿을 때에 하나님과의 영적 관계를 회복시킵니다. 즉, 영적인 죽음(Spiritual death)으로부터 구원하십니다. 그런데 그 관계의 완성, 곧 영원한 죽음(Eternal death)으로부터의 해방은 마지막에 남겨 놓으셨습니다.

그리고 그 중간에 한 번 육체적으로 죽는 것(Physical death)으로 정하여 놓으신 것입니다. 하나님이 약속하신 구원을 구현하심에 있어서, 사람이 마지막 심판에 이르기 전에 육체적으로 한 번 죽는 것으로 정하신 데에는 하나님의 놀라운 지혜와 성례전적인 교훈(Sacramental meaning)이 담겨 있는 것입니다.

그러면 죽음을 통한 교훈, 즉 죽음의 이유는 무엇입니까?

3-1-1. 죽음은 사람이 하나님이 아니라는 것을 깨우쳐 줍니다.

사람은 자기가 죽지 않을 것이라는 망각과 환상 속에서 살 때가 너무나 많습니다. 그리하여 백만 년이나 살 것처럼 계획을 세우고 바벨탑을 쌓곤 합니다. 죽음은 이런 환상을 깨우쳐 줍니다. 죽음 앞에서 인간은 자신의 한계를 깨닫게 됩니다.

최초의 사람, 곧 아담은 왜 죄를 범했습니까?

나도 하나님처럼 되어 보겠다는 유혹에 빠져서 그랬던 것입니다. 이 세상에는 하나님 무서운 줄 모르고 자기의 권세를 하늘로 뻗치는 사람들이 있습니다. 이런 욕망은 로마의 황제와 같이 위대하다는 인사들에게서 흔히 나타납니다. 아마 죽음이라는 것이 없다면 그런 사람들로 인해 이 세상에는 큰 일이 날 것입니다.

이에 하나님은 육체적 죽음을 남겨 놓으심으로, 사람이 자기가 하나님이 아니요 마침내는 하나님의 심판대 앞에 서야 하는 존재라는 것을 깨닫게 하시는 것입니다.

사랑하는 성도 여러분! 죽음은 절대 민주주의입니다. 이 엄연한 사실 앞에서 자신을 생각하고 자각하는 지혜로운 사람이 되시기를 바랍니다.

성경은 잠언 1장 7절에서 권합니다.

“여호와를 경외하는 것이 지식의 근본이어늘 미련한 자
는 지혜와 훈계를 멸시하느니라.”

3-1-2. 죽음은 인간이 청지기에 불과하다는 것을 깨우쳐 줍니다.

죽음 앞에서 우리 인간은 가지고 있던 모든 것을 놓고 가
야만 합니다. 재물과 토지도 다 놓고 갑니다. 죽음 앞에서
우리는 이 모든 것이 엄밀한 의미에서 ‘내 것’ 이 아니며, 우
리는 이 세상에 있는 동안 그것들을 맡고 있는 청지기에 불
과하다는 것을 깨닫습니다.

그러므로 우리는 물질이나 명예심 때문에 형제를 모함하
거나 해치는 일을 해서는 안 됩니다. 도리어 우리는 그런 모
든 것을 활용하여 하나님의 뜻을 성취하는 데 공헌하여야
합니다.

요한일서 2장 15-17절의 말씀을 보십시오.

“이 세상이나 세상에 있는 것들을 사랑치 말라 누구든지
세상을 사랑하면 아버지의 사랑이 그 속에 있지 아니하니
이는 세상에 있는 모든 것이 육신의 정욕과 안목의 정욕과
이생의 자랑이니 다 아버지께로 좇아 온 것이 아니요 세상
으로 좇아 온 것이라 이 세상도 그 정욕도 지나가되 오직 하
나님의 뜻을 행하는 이는 영원히 거하느니라.”

또 디모데전서 6장 9-12절에서 말씀하십니다.

"부하려 하는 자들은 시험과 올무와 여러 가지 어리석고 해로운 정욕에 떨어지나니 곧 사람으로 침륜과 멸망에 빠지게 하는 것이라 돈을 사랑함이 일만 악의 뿌리가 되나니, 이것을 사모하는 자들이 미혹을 받아 믿음에서 떠나 많은 근심으로써 자기를 찔렀도다. 오직 너 하나님의 사람아 이것들을 피하고 의와 경건과 믿음과 사랑과 인내와 온유를 좇으며 믿음의 선한 싸움을 싸우라 영생을 취하라."

우리들은 성실한 청지기가 되어야 하겠습니다. 따라서 우리는 나만을 위하는 물질욕과 명예욕을 버리고, 사람을 내 몸같이 사랑하고 자연을 애호하며 잘 간수하는 선한 청지기가 되어야 하겠습니다.

3-1-3. 죽음은 다시는 범죄하지 말라는 경고입니다.

죽음은 우리에게 아픔과 슬픔을 줍니다. 어떤 이들은 그렇지 않다고 하지만 이는 거짓말입니다. 죽음은 아픈 것으로 하나님께서 만드신 것입니다. 하나님은 사람들이 죄의 값인 죽음의 아픔을 체험하면서, 죄의 결과가 어떻다는 것을 깨닫게 하시는 것입니다.

이렇게 하나님께서 우리를 깨우쳐 주심에도 불구하고 계

속 죄를 범하면, 그에게는 무서운 둘째 사망이 있다는 것,
곧 그런 사람들은 지옥에 던져진다는 것을 성경은 경고하
는 것입니다.

성경 요한계시록 21장 8절의 말씀에 귀를 기울여 보세요.

"두려워하는 자들과 믿지 아니하는 자들과 흉악한 자들
과 살인자들과 행음자들과 술객들과 우상 숭배자들과 모든
거짓말하는 자들은 불과 유황으로 타는 못에 참예하리니
이것이 둘째 사망이라."

그러므로 우리는 심판의 날이 다가오기 전에, 죄를 범하
는 길에서 돌이켜 정직하게 살아야 하겠습니다. 지은 죄는
지체 말고 회개하여 용서를 받아야 하겠습니다.

3-1-4. 죽음은 우리가 깨어서 정직하게 살라는 경고입니다.

마지막으로, 우리가 꼭 명심하고 살아야 할 것이 있습니
다. 죽음은 꼭 오고야 마는 것인데 그 날과 시간은 아무도
모른다는 사실입니다. 그 시간은 비밀에 감추어 있습니다.
우리 모두가 하나님의 심판대 앞에 서게 되는 주의 날, 곧
주인의 재림이 언제 임할지 모릅니다.

잠언 27장 1절에서 말씀합니다.

"너는 내일 일을 자랑하지 말라 하루 동안에 무슨 일이

날는지 네가 알 수 없음이니라.”

그러므로 우리는 깨어서 정직하게 살아가야 합니다. 기회 있을 때에 예수님을 진실하게 믿으며 주님을 기다려야 합니다.

이와 같이 하나님은 우리를 선한 길로 인도하시기 위하여 사람이 한 번 죽는 것으로 정하여 놓으신 것입니다. 결국 하나님은 우리를 위하시는 하나님(Pro Deus)이며, 좋으신 하나님이십니다.

3-2. 죽은 영혼은 어떤 상태에서 기다립니까?

다음으로, ‘부활 이전의 죽은 영혼은 어떤 상태에 있는가? 미신자의 몸의 부활은 언제인가?’ 라는 질문이 있습니다.

성경은 창세기 3장 19절과 사도행전 13장 36절에서 사람이 죽으면 육체는 흙으로 돌아가고, 누가복음 23장 43절에서는 믿는 자의 영혼은 하나님께로 돌아간다, 또는 그리스도 안에서 잠잔다고 묘사하고 있습니다(고후 5:1, 6, 8, 빌 1:23, 행 3:21).

이와 반대로, 누가복음 16장 23-24절과 유다서 6-7절에서는, 죄인들의 영혼은 지옥으로 던져져 거기서 고통 가운데 있다가 대심판을 받기 위하여 그 직전에 부활한다고 묘사되어 있습니다(요 5:29, 계 20:12-14). 이를 우리는 제 2차 부활이라고 칭합니다.

3-3. 왜 주님의 재림이 더딘 것입니까?

신약시대에 베드로후서 3장 4절에 나타났듯이 주님의 재림이 더딤으로 인하여 어떤 이들은 재림이 없는 것이 아니냐고 기롱합니다.

재림이 더딘 것에 대한 이유에 관하여 베드로후서 3장 8-9절은 다음과 같이 설명하고 있습니다.

"주께는 하루가 천년같고 천년이 하루같은 이 한 가지를 잊지 말라 주의 약속은 어떤 이의 더디다고 생각하는 것같이 더딘 것이 아니라 오직 너희를 대하여 오래 참으사 아무도 멸망치 않고 다 회개하기에 이르기를 원하시느니라."

곧 재림이 더딘 것은 오로지 한 사람이라도 더 회개하고 구원받기를 원하시는 하나님의 사랑과 인내심 때문입니다.

그러니까 재림이 더딤으로 인하여 재림이 없으리라고 생각하는 것은 어리석은 일입니다.

예수님의 초림에 관하여도, 예수님의 탄생이 더딤으로 많은 사람이 불신했지만 주님은 마침내 베들레헴에서 나시었습니다.

노아 홍수 때도 그랬습니다. 그러나 불신자들은 어리석은 사람들이요, 멸망의 운명을 택한 사람들이었습니다.

주님의 날은 반드시 올 것입니다. 또한 임박하고 있습니다.

야고보서 5장 8절에서 말씀합니다.

"너희도 길이 참고 마음을 굳게 하라 주의 강림이 가까우니라."

또한 언제 주님이 오실지도 모릅니다. 베드로후서 3장 10-12절에서 다음과 같이 경고하십니다(살전 5:2 참조).

"그러나 주의 날이 도적같이 오리니 그 날에는 하늘이 큰 소리로 떠나가고 체질이 뜨거운 불에 풀어지고 땅과 그 중에 있는 모든 일이 드러나리로다. 이 모든 것이 이렇게 풀어지리니 너희가 어떠한 사람이 되어야 마땅하뇨. 거룩한 행실과 경건함으로 하나님의 날이 임하기를 바라보고 간절히 사모하라."

그러므로 우리는 세 가지를 행하여야 할 것입니다.

1) 기회 있을 때에 회개하여야 합니다.

6.25전쟁 때 있었던 일이 생각납니다. 국군이 서울에서 후퇴하면서 한강다리의 남단을 끊었습니다. 그리고 한강다

리를 통하여 남쪽으로 피난 가려고 하는 사람들을 향하여 계속 오지 말고 되돌아가라는 경고를 하였습니다.

그러나 많은 사람들이 그 경고를 무시하고 그냥 달려가다가 한강에 빠져 죽었습니다. 그들은 경고를 무시하고 갔기에 다 죽은 것입니다. 오늘날 우리도 하나님의 경고를 무시하면 안 되는 것입니다.

성경은 베드로후서 3장 14절에서 거듭 권고합니다.

"그러므로 사랑하는 자들아 너희가 이것을 바라보나니 주 앞에서 점도 없고 흠도 없이 평강 가운데서 나타나기를 힘쓰라."

2) 근신하고 깨어 성결한 생활을 하여야 합니다.

성경은 데살로니가전서 5장 6-8절에서 권고합니다.

"그러므로 우리는 다른 이들과 같이 자지 말고 오직 깨어 근신할지라. 자는 자들은 밤에 자고 취하는 자들은 밤에 취하되 우리는 낮에 속하였으니 근신하여 믿음과 사랑의 흉배를 붙이고 구원의 소망의 투구를 쓰자."

마태복음 24장 44-46절에서 또한 말씀하십니다.

"이러므로 너희도 예비하고 있어라 생각지 않은 때에 인자가 오리라 충성되고 지혜로운 종이 되어 주인에게 그 집 사람들을 맡아 때를 따라 양식을 나눠 줄 자가 누구죠 주인이 올 때에 그 종의 이렇게 하는 것을 보면 그 종이 복이 있으리로다”(참고 마 24:50, 25:13, 막 13:35. 살전 1:9)

3) 우리는 복음 전파에 힘써야 합니다.

주님의 재림이 더딘 것은 많은 사람들이 회개하고 구원받기를 원하시기 때문이기에 복음 전파는 긴요합니다.

주님은 마태복음 24장 14절에서 말씀하시기를 “이 천국 복음이 모든 민족에게 증거되기 위하여 온 세상에 전파되리니 그제야 끝이 오리라”고 하시며 세계 선교를 재촉하셨습니다.

그러므로 우리는 그 날을 사모하며 전도에 힘써야 합니다. 베드로후서 3장 10, 12, 13절에서 말씀하십니다.

“주의 날이 도적같이 오리니… 하나님의 날이 임하기를 바라보고 간절히 사모하라… 우리는 그의 약속대로 의의 거하는 바 새 하늘과 새 땅을 바라보도다.”(롬 8:18-25 참조)

제 11 장

영생

요한복음 14:1-3

너희는 마음에 근심하지 말라 하나님을 믿으니 또 나를 믿으라. 내 아버지 집에 거할 곳이 많도다. 그렇지 않으면 너희에게 일렀으리라 내가 너희를 위하여 처소를 예비하러 가노니, 가서 너희를 위하여 처소를 예비하면 내가 다시 와서 너희를 내게로 영접하여 나 있는 곳에 너희도 있게 하리라.

사도신경은 마지막으로 고백합니다.

"영원히 사는 것을 믿사옵나이다."

사도신경은 첫째로, 전능하사 천지를 창조하신 하나님 아버지에 대하여 고백합니다. 그리고 하나님의 외아들 예수 그리스도에 대하여, 그리스도의 영, 성령에 대한 고백을 합니다.

그리고 삼위 하나님의 역사로 이루어지는 구속사, 곧 교회에 대하여, 성도의 교제, 그리고 죄에서 사하심을 받는 것을 고백한 후, 앞으로 올 구원의 완성을 언급하면서, 몸이 다시 살아나 영생할 것을 소망으로 고백합니다.

다른 각도에서 고찰하면, 사도신경은 창조, 곧 우리가 태어나는 것에 대한 고백으로 시작하여 인생의 종말, 곧 영생에 대한 고백으로 끝을 맺습니다.

인간 생활에는 중요한 일들이 많이 있으나 삶에 있어서 제일 중요한 것은 그 시작과 끝이 아니겠습니까?

사도신경의 이 마지막 고백은 우리 인생의 종말과 내세에 대한 신앙 고백입니다. "나는 영원히 사는 것을 믿습니다."

1. 인생은 모두가 내세를 희망합니다.

인생의 내세에 관한 관념은 비록 희미하기는 하지만, 세상의 모든 종교나 문화가 다 언급하고 있습니다.

동양에서도 죽으면 황천에 간다고 하는 희미한 사상이 있습니다.

옛날 이집트 사람들은 내세에도 현재와 같은 생을 계속한다고 생각한 듯 합니다. 그래서 사람이 죽으면, 특히 왕이 죽으면 그를 피라미드 속에 안치하면서 그곳에다 그가 생전에 쓰던 물건들을 놓아 주었다고 합니다. 심지어는 그곳에 노예를 생매장하기도 했다고 합니다.

옛날 희랍 사람들은 사람을 묻기 전에 시체의 입에다 돈을 넣어 주는 풍속이 있었다고 합니다. 그것은 죽은 사람이

강을 건너서 딴 세계로 간다는 생각에서, 그 때 뱃사공에게 뱃삯을 주라고 그리 했던 것이라 합니다.

그런가 하면, 플라톤과 같은 철인들은 육체는 죽어 사라지지만 영혼은 불멸하여 영원히 살아 있다고 말합니다.

2. 기독교는 내세와 인생의 영생을 확실히 믿습니다.

2-1. 하나님의 공의와 사랑은 내세와 영생을 요청합니다.

그리스도인은 영생을 말함에 있어, 하나님께서 그리스도 예수를 통하여 보여주신 하나님의 본성, 그리고 하나님의 정의와 사랑에 근거하여 내세가 있음을 확신합니다. 곧 하나님께서 정의요 사랑이시라면, 내세와 영생은 필연적인 것이라는 가정을 할 수밖에 없다는 것입니다.

하나님의 공의에서 볼 때 세상의 균형을 바로잡는 것은 꼭 필요한 것입니다. 그런데 우리가 다만 이 세상에서의 인생만을 본다면 하나님의 통치는 정의롭다고 볼 수 없습니다. 그 정의는 내세에서 완성된다고 기대하여야 할 것입니다. 왜냐하면, 이 세상에서는 권선징악이 제대로 실현되고 있지 않기 때문입니다.

사랑의 하나님은 의로운 사람이 이 세상에서 부당하게 억

울함을 당하고 미완성으로 생을 마치는 것을 용납지 않으실 것입니다. 그 억울함이 내세에서 채워지게 하실 것입니다. 그러기에 기독교는 하나님의 공의와 사랑에 근거하여, 인생에게는 하나님으로부터의 마지막 심판이 있을 것이며(히 9:27, 마 10:28), 또한 내세와 영생이 있다고 믿는 것입니다(요 11:25, 14:3, 고후 5:1).

2-2. 영생은 그리스도 안에 있음을 의미합니다.

여기서 우리가 기억할 것은 성경이 '영생(eternal life or life everlasting)' 이라고 말할 때는 '생명의 양(量)' 이기보다 '생명의 질(質)' 을 의미한다는 것입니다.

그리스도인에게 있어 영생을 누린다는 것은 하나님의 삶에 참예하는 것입니다. 엄밀한 의미에서 영원한 삶이란 하나님의 삶이기 때문입니다.

또한 영생은 전적으로 예수 그리스도와 연관을 맺고 있습니다. 요한일서 5장 11절에서처럼 영생은 예수 안에 있는 것입니다.

그뿐 아니라, 요한복음 6장 27절과 54절에서 말씀했듯이, 그리스도 예수는 사람들에게 영생을 주는 하늘의 양식입니다. 또한 요한복음 6장 68절에서 언급한 것처럼, 예수의 말씀은 영생의 말씀입니다. 그뿐 아니라, 자신이 영생이시기도 합니다(요일 5:20).

그리고 이 영생은 하나님께서 약속하신 것이고(딛 1:2, 요일 2:25), 하나님께서 주시는 것입니다. 영생은 믿는 자에게 하나님이 예수 그리스도 안에서 값 없이 주시는 은사입니다(요 5:24, 롬 6:23).

성경은 요한복음 3장 16절에서 증언합니다.

"하나님이 세상을 이처럼 사랑하사 독생자를 주셨으니 이는 저를 믿는 자마다 멸망치 않고 영생을 얻게 하려 하심이니라."

주님께서 요한복음 5장 24절에서 말씀하셨습니다.

"내가 진실로 진실로 너희에게 이르노니 내 말을 듣고 또 나 보내신 이를 믿는 자는 영생을 얻었고 심판에 이르지 아니하나니 사망에서 생명으로 옮겼느니라."

그러므로 "영원히 사는 것을 믿습니다"라고 사도신경에서 고백하는 것은 "나는 예수를 믿음으로 영생, 곧 하나님 안에(in the presence of God) 있음을 믿는다"는 고백입니다.

그러나 이 고백은 그 이상입니다. 믿는 자가 '하나님 안에 있는' 그 실재(實在)는 종말에 가서는 질적으로 그리고 양적으로 보다 영광스럽게 구체화될 것이기 때문입니다.

앞에서 "몸이 다시 사는 것을 믿습니다"라는 고백에 대하여 공부할 때, 예수님께서 영광스럽게 재림하실 때에 주를 믿다가 죽은 신자와 살아있는 신자가 영광스러운 몸으로 부활한다고 하였습니다.

그런데 사도 바울은 데살로니가전서 4장 17절에서 증언합니다. "그리하여 우리가 항상 주와 함께 있으리라."

그렇습니다. 우리는 주님과 영원히 함께 영원히 사는 것입니다. 할렐루야!

2-3. 신자는 주님과 함께 죽음, 부활 그리고 영생의 과정에 참여합니다.

부활한 몸으로 주님을 만난 성도들이 언제, 어떻게, 그리고 어디에서 생존하는 것입니까?

이 문제에 대하여 성경은 자세히 언급하고 있지 않습니다. 왜냐하면, 베드로후서 3장 11절에서 언급하였듯이, 성경이 성도의 내세를 말함에 있어, 어디에서 어떻게 살 것이라는 것을 자세히 설명하기보다는 곤란 중에 있는 성도에게 위로와 용기를 주며 소망을 주고자 하는데 역점을 두고 있었기 때문입니다. 그래서 성경이 간간히 언급하고 있는 것을 따라 신학자들이 각각 다르게 설명을 하고 있습니다.

이에 관한 학설 세 가지를 들어보겠습니다.

첫째, 공중 휴거에서 만난 성도들과 혼인 잔치를 7년간 하고, 지상에서 대환난이 끝난 다음에 성도들은 주님과 함께 지상으로 재림하여 지상 천년 왕국을 거쳐서 천국으로 간다는 전천년왕국설(Premillennialism)로서의 전환난설(Pre-tribulationism)이 있습니다.

둘째, 지상에서 대환난이 끝난 후에 공중으로 휴거된 성도들의 마중을 받으며 주님이 지상에 재림하고, 천년 왕국을 거쳐서 천국으로 간다는 전천년 왕국설로서의 후환난설(Post-tribulationism)이 있습니다.

셋째, 주님이 나타나실 때 몸이 부활하여 바로 천국으로 들어간다는 무천년설(Amillennialism)이 있습니다.

이렇게 여러 주장들이 있으나 여기에는 공통적인 것이 있습니다. 곧 주를 믿는 신자는 예수 그리스도의 삶에 참여한다는 것 곧 신자가 주님과 함께 죽음, 몸의 부활 그리고 영생의 과정에 참여한다는 것입니다.

그러므로 신자는 죽은 후 낙원에 있다가 예수님의 강림 시에 부활(몸의 부활)하여 하늘나라에 들어가 영원히 주님과 함께 지낸다는 것입니다.

2-4. 불신자는 영원한 불에 던져집니다.

반면에 성경은 불신자, 악한 자의 종말에 대하여 다음과 같이 언급하고 있습니다.

악한 자, 곧 불신자는 역사의 종말에 부활하여(이를 general resurrection이라고 칭함) 하나님의 대 심판을 받고 지옥 곧 영원한 불에 던짐을 받게 되어 있습니다.

성경은 마태복음 25장 41절에서 말씀합니다.

"또 왼편에 있는 자들에게 이르시되 저주를 받은 자들아 나를 떠나 마귀와 그 사자들을 위하여 예비된 영영한 불에 들어가라."

예수님은 마태복음 25장 46절에서 그들이 영원한 형벌을 받으며 안식이 없고 괴로워하리라고 하였습니다.

요한계시록 14장 11절에서 증언합니다.

"그 고난의 연기가 세세토록 올라가리로다. 짐승과 그의 우상에게 경배하고 그 이름의 표를 받는 자는 누구든지 밤낮 쉼을 얻지 못하리라 하더라."

결국은 지옥의 특징은 하나님이 떠나 있는 곳입니다. 하나님과의 단절입니다.

데살로니가후서 1장 9절에서 말씀합니다.

"이런 자들이 주의 얼굴과 그의 힘의 영광을 떠나 영원한 멸망의 형벌을 받으리로다."

여기서 보듯이 지옥은 외로운 상태입니다. 이를 성경은
제 2의 사망이라고 표현하고 있습니다(계 21:8).

3. 하늘나라는 어떤 곳입니까?

신자는 예수님 재림 시에 부활(몸의 부활)하여 하늘나라
에 들어가 영원히 주님과 함께 지낸다고 하였는데 하늘나
라는 어떤 곳입니까?

3-1. 하늘나라는 하나님이 거하시는 곳입니다.

성경에서 하늘(heaven, οὐρανόσ)이라 할 때, 이 말은 세
가지 의미로 사용되었습니다.

첫째는, 하나님께서 하늘과 땅을 창조하셨다(창 1:1)고 표
현하듯이, 온 우주를 가리킵니다. 또는 하늘에서 비가 내린
다, 또는 하늘의 별이라고 표현하듯이 그저 하늘을 가리킵
니다(눅 4:25, 마 24:29). 이는 우주론적 표현(cosmologi-
cal expression)입니다.

두 번째, 하늘은 하나님을 가리키기도 합니다. 예를 들어
서, 탕자가 죄를 지은 다음에 말하기를 "나는 '하늘' 에 대하

여 죄를 지었나이다"라고 한 것에서 알 수 있습니다(눅 15:18,21, 요 3:27, 마 21:25 참조).

세 번째, 하늘은 하나님이 거하시는 곳(the abode of God)을 가리킵니다. 성경에는 이런 의미로 많이 사용되고 있습니다.

예를 들면, 마태복음 6:9에서 주님께서 말씀하시기를 '하늘에 계신 우리 아버지' 라고 하였습니다. 또는 '하늘에 계신 너의 아버지' (마 5:16, 45, 6:1, 7:11, 18:14), '하늘에 계신 나의 아버지' (마 7:21, 10:32, 33, 12:50, 16:17, 18:10,19), 그 외에도 여러 군데에서 주님은 하늘이 하나님이 계시는 곳이라는 것을 가리켜 언급하셨습니다.

여기서 하늘나라는 바로 하나님이 계시는 곳, 성도가 영원히 거할 곳을 가리킵니다. 주님은 바로 그곳으로부터 재림하실 것입니다(살전 1:10, 4:16, 살후 1:7).

또 주님은 요한복음 14장 2-3절에서 말씀하였습니다.

"내 아버지 집에 거할 곳이 많도다. 그렇지 않으면 너희에게 일렀으리라 내가 너희를 위하여 처소를 예비하러 가노니 가서 너희를 위하여 처소를 예비하면 내가 다시 와서 너희를 내게로 영접하여 나 있는 곳에 너희도 있게 하리라."

또한 주님은 그곳에 계십니다. 이에 대하여 히브리 기자는 히브리서 9장 24절에서 다음과 같이 증언합니다.

"그리스도께서는 참 것의 그림자인 손으로 만든 성소에 들어가지 아니하시고 오직 참 하늘에 들어가사 이제 우리를 위하여 하나님 앞에 나타나시고."

그러기에 그리스도와 함께 거하는 자는 하늘에 계신 하나님과 함께 거하는 것입니다. 하늘나라는 결국 그리스도와 하나님과 함께 있는 곳입니다. 다른 말로 표현하면, 거듭남으로 시작된 하나님의 은총의 역사는 하늘나라에서 영원히 거함으로써 완결되는 것입니다. 그 곳은 하나님과 함께하는 끝없는 기쁨의 삶의 완결이요 충족한 상태를 의미합니다.

하나님은 태초부터 사람과의 교분(fellowship)을 의도하셨습니다. 그의 그런 의도는 첫째로, 인류를 창조하게 하였고, 그 후는 성막과 성전에 임재하셨고, 마침내 성육신하여 세상에 오셨습니다. 그리고 마지막에는 사람들을 하늘나라로 오게 하여 사람과 함께 하시는 것입니다.

3-2. 하늘나라는 안식과 경배가 있는 곳입니다.

그러면 하늘나라의 상황은 어떤 것입니까?

하늘나라의 성격과 상황에 대하여 성경은 이론적으로 또는 과학적으로 설명하고 있지는 않고 다만 찬양과 명상하는 것으로 묘사하고 있습니다.

그러면 성경이 묘사하고 있는 하늘나라의 모습을 봅시다.

첫째, 하늘나라는 하나님이 계시는 곳, 하나님이 구원받은 자들과 함께 계시는 곳입니다.

그 곳에는 모든 악이 없는 곳입니다. 하나님의 영광으로 가득 찬 곳입니다. 이에 대한 성경의 증언을 들어 보세요.

요한계시록 21장 23-25절에서 말씀합니다.

"그 성은 해나 달의 비췸이 쓸데없으니 이는 하나님의 영광이 비취고 어린 양이 그 등이 되심이라 만국이 그 빛 가운데로 다니고 땅의 왕들이 자기 영광을 가지고 그리로 들어오리라 성문들을 낮에 도무지 닫지 아니하리니 거기는 밤이 없음이라."

그 때의 신자의 부활한 몸은 '해와 같이 빛나는' 몸이며(마 13:43), 사탄과 죄의 저주에서 완전히 구속 받은 몸(롬 8:23)으로, 눈물이나 애통하는 것이나 곡하는 것이나 아픔이나 사망이 없는 몸(계 21:4), 곧 하늘에 속한 자의 형상을 입은 몸일 것입니다.

또 요한계시록 21장 3-4절에서 말씀합니다.

"내가 들으니 보좌에서 큰 음성이 나서 가로되 보라 하나님의 장막이 사람들과 함께 있으매 하나님이 저희와 함께 거하시리니 저희는 하나님의 백성이 되고 하나님은 친히 저희와 함께 계셔서, 모든 눈물을 그 눈에서 씻기시매 다시 사망이 없고 애통하는 것이나 곡하는 것이나 아픈 것이 다시 있지 아니하리니 처음 것들이 다 지나갔음이러라."

둘째, 그곳에서 우리는 하나님을 직접 보며 온전히 이해하게 될 것입니다.

하나님에 대한 믿음이 하나님을 직접 봄으로 하나님에 대하여 온전히 알게 될 것입니다.

사도 바울은 고린도전서 13장 9-12절에서 그 때를 아래와 같이 예상하고 있습니다.

"우리가 부분적으로 알고 부분적으로 예언하니 온전한 것이 올 때에는 부분적으로 하던 것이 폐하리라 내가 어렸을 때에는 말하는 것이 어린아이와 같고 깨닫는 것이 어린아이와 같고 생각하는 것이 어린아이와 같다가 장성한 사람이 되어서는 어린아이의 일을 버렸노라 우리가 이제는 거울로 보는 것같이 희미하나 그 때에는 얼굴과 얼굴을 대하여 볼 것이요 이제는 내가 부분적으로 아나 그 때에는 주께서 나를 아신 것같이 내가 온전히 알리라."

사도 요한은 요한일서 3장 2절에서 다음과 같이 표현하고 있습니다.

"사랑하는 자들아 우리가 지금은 하나님의 자녀라 장래에 어떻게 될 것은 아직 나타나지 아니하였으나 그가 나타내심이 되면 우리가 그와 같을 줄을 아는 것은 그의 계신 그대로 볼 것을 인함이니."

한 번 상상해 보세요. 하나님과 주님을 직접 뵌다는 것이 얼마나 행복하고 기쁜 일이겠습니까?

그러므로 신자는 찬송가 85장을 부르는 것입니다.

"구주를 생각만 해도 내 맘이 좋거든, 주 얼굴 뵈올 때에야 얼마나 좋으랴."

셋째, 그곳에서 신자는 안식하며 하나님을 경배할 것입니다.

히브리서 4장 9-11절의 말씀이 이것을 생각하게 합니다.

"그런즉 안식할 때가 하나님의 백성에게 남아 있도다. 이미 그의 안식에 들어간 자는 하나님이 자기 일을 쉬심과 같이 자기 일을 쉬느니라. 그러므로 우리가 저 안식에 들어가기를 힘쓸지니 이는 누구든지 저 순종치 아니하는 본에 빠지지 않게 하려 함이라."

이어서 요한계시록 19장 1-6절의 말씀을 보겠습니다.

"이 일 후에 내가 들으니 하늘에 허다한 무리의 큰 음성 같은 것이 있어 가로되 할렐루야 구원과 영광과 능력이 우리 하나님께 있도다. 그의 심판은 참되고 의로운지라 음행으로 땅을 더럽게 한 큰 음녀를 심판하사 자기 종들의 피를 그의 손에 갚으셨도다 하고 두 번째 가로되 할렐루야 하더니 그 연기가 세세토록 올라가더라. 또 이십사 장로와 네 생물이 엎드려 보좌에 앉으신 하나님께 경배하여 가로되 아멘 할렐루야 하니 보좌에서 음성이 나서 가로되 하나님의 종들 곧 그를 경외하는 너희들아 무론 대소하고 다 우리 하나님께 찬송하라 하더라. 또 내가 들으니 허다한 무리의 음성도 같고 많은 물소리도 같고 큰 뇌성도 같아서 가로되 할렐루야 주 우리 하나님 곧 전능하신 이가 통치하시도다."

이사야 6장 3-4절에서는 또한 이 장면을 아래와 같이 묘사하고 있습니다.

"서로 창화하여 가로되 거룩하다 거룩하다 거룩하다 만군의 여호와여 그 영광이 온 땅에 충만하도다 이같이 창화하는 자의 소리로 인하여 문지방의 터가 요동하며 집에 연기가 충만한지라."

그렇다면, 하늘나라가 하나의 영적 상태(state)를 말하는 것인가 아니면 장소(place)를 말하는가 하는 질문이 생기지 않을 수 없습니다.

하나님은 영이시기에 머무는 공간이 필요하지 않습니다. 따라서 부활한 영의 몸도 공간이 필요치 않는 영적 상태(spiritual condition)가 아닌가 생각되기도 합니다.

동시에 예수님의 부활하신 몸에서 보듯이 영적 몸이지만 어떤 공간을 차지하는 것이 아닌가 생각됩니다. 따라서 하늘나라는 상태와 공간 모두를 포함하고 있다고 결론내리는 것이 안전할 것입니다. 그러나 위에서 인용한 성경구절들은 주로 하늘나라에서의 영적 상태를 묘사한 것이었습니다.

4. 우리는 하늘나라를 그리워하며 소망 가운데 걸어갑니다.

말씀을 정리하겠습니다.

말씀을 통해 함께 살펴보았듯이 영생의 복이 얼마나 좋은 것입니까? 하늘나라가 얼마나 좋은 곳입니까?

사도 바울이 증언하였듯이 정말 하나님의 나라는 오직 성령 안에서 의와 평강과 희락인 것입니다(롬 14:17).

그러므로 신자는 이 본향을 그리워하며 소망 가운데 걸어가고 있는 것입니다.

"이제는 더 나은 본향을 사모하니 곧 하늘에 있는 것이라"(히 11:15).

사도신경을 통하여 신자는 이러한 미래가 있다는 것을 믿음으로 고백하는 것입니다.

사랑하는 성도 여러분! 결국 이 영생은 지금 예수를 믿음으로 시작되는 것임을 기억하여야 합니다.

주님은 요한복음 5장 24-25절에서 말씀하십니다.

"내가 진실로 진실로 너희에게 이르노니 내 말을 듣고 또 나 보내신 이를 믿는 자는 영생을 얻었고 심판에 이르지 아니하나니 사망에서 생명으로 옮겼느니라. 진실로 진실로 너희에게 이르노니 죽은 자들이 하나님의 아들의 음성을 들을 때가 오나니 곧 이 때라 듣는 자는 살아나리라."

또한 요한복음 1장 12-13절에서 말씀하십니다.

"영접하는 자 곧 그 이름을 믿는 자들에게는 하나님의 자녀가 되는 권세를 주셨으니 이는 혈통으로나 육정으로나 사람의 뜻으로 나지 아니하고 오직 하나님께로서 난 자들이니라"

사도 바울은 고린도후서 6장 1-2절에서 여러분의 믿음의 결단을 재촉하십니다.

"우리가 하나님과 함께 일하는 자로서 너희를 권하노니 하나님의 은혜를 헛되이 받지 말라 가라사대 내가 은혜 베풀 때에 너를 듣고 구원의 날에 너를 도왔다 하셨으니 보라 지금은 은혜받을 만한 때요 보라 지금은 구원의 날이로다." 아멘.

나의 신학하는 입장

I. 나의 경력과 저서

1. 나는 황해도 연백군에서 태어났습니다.

초등학교는 황해도와 평안북도에서, 고등학교는 평북 신의주와 경기도 개성에서 마쳤습니다. 대학과 신학 공부는 서울과 미국에서 수학했습니다. 서울신학교, 숭실대학 철학과를 졸업한 후 1960년에 미국으로 유학을 가서, 1962년에 애즈베리신학교에서 석사학위(M.Div.)를 받고, 1966년에 에모리대학교에서 철학박사 학위(Ph.D.)를 받았습니다.

미국으로 유학 가기 전에 성결교회의 교역자로서 목회를 담당하기도 했지만, 주로 서울신학대학에서 봉직하다가 떠나게 되었습니다. 미국에서 공부를 마치고 이리노이 주에 있는 올리벳 나사렛대학교에서 조교수로 교수생활을 시작했는데 이는 나에게 좋은 훈련기간이 되었습니다.

1967년에 귀국하여 모교인 서울신학대학에서 교수 생활을 계속하였습니다. 그러던 중, 서울신학대학은 42세인 나를 학장으로 선임했습니다. 선임통고를 받은 후 고민하며 기도하는 가운데 그 결정을 받아들이게 되었고 총 18년간 학장으로 시무하였습니다. 현재는 학교법인 명지학원의 이사와 선교실장으로 일하고 있습니다.

그러면서 국내외 타 신학교에서 강의를 맡기도 했습니다. 1970년에는 중국(대만) 고급 존웨슬리신학원 강사로, 그 후 감리교 신학대학, 나사렛 신학대학, 중앙신학교 강사, 미국 애즈베리신학교의 방문교수(1993, 1995년), 미국 아쥬사 패시픽대학교의 방문교수(1980, 1981, 1994, 1998년), 그리고 1989년에는 일본 교회들이 연합해서 주최하는 성결대회의 주강사로, 또한 명지대학교 교수, 교목실장, 인문사회대 학장(1984-1988) 등으로 봉사하였습니다.

그 외에도 하나님은 여러 가지 일을 하게 하셨습니다. 전국신학대학협의회 회장(1970-1971), 전국신학대학협의회 이사장(1990-1992), 대한성경공회 회장(1975-1976), 세계복음주의협의회(WEF) 신학위원회 부회장(1976-1983), 로잔 아세아교회지도자대회 대회장(1987, 1992, 1997, 2003), 서울올림픽전도협의회 회장(1986-1988), 한국스포츠선교회 회장 및 명예회장, 한국복음주의신학회 부회장 및 회장 (1990-1994), 한국복지재단 이사, 대표 이사, 고문(1976-), 사회복지재단 갈보경애원 대표 이사, 한국 웨슬리학회 회장(1997-) 등.

특히 세계복음화 로잔운동에는 처음부터, 중앙상임 임원, 신학분과위원, 아세아위원회의 임원 등, 1974년부터 현재까지 깊이 참여하고 있습니다. 또한 국제위원회의 부회장(1992-2004), 아세아위원회의 회장직(1987-2003, 현재 명예회장)을 맡고 있습니다. 그러면서 여러 교회 특히 미국과 캐나다, 독일 등 해외에 있는 여러 한인 교회에서 부흥회를 인도하였습니다.

나 자신이 성결교회의 목사이기에 신학대학교에서 일하는 외에도 교단의 일에도 관여하여 총회에서 신학 교육부장, 고시위원, 선교부장, 지방회에서는 인사부장 등을 하였습니다. 그러나 나의 일관된 주요한 사역은 가르치는 일과 설교 또는 부흥회를 인도하는 것이었습니다. 이것은 나의 신학적 입장을 말해주고 있는 것이기도 합니다. 나는 설교, 전도와 연결되지 않는 신학은 죽은 신학이라고 보며, 산 신학은 선교의 도장에서 개진되고 활용되어야 한다고 믿고 있습니다.

2. 출판한 저서 및 역서는 대략 다음과 같습니다.

『요한 웨슬리의 신학』(1984, 1993 개정 중보판), 『로잔 세계복음화 운동의 역사와 정신』(1991), 『전도와 사회참여』(1986), 『성결교회의 신학적 배경과 사중복음』(1991), 『요한 웨슬리의 선교운동의 특징』(1991), 『요한 웨슬리 신학의 메니페스트』(일본어판/1989), 『성결교회의 신학적 배경과 사중복음의 유래』(1998), 『로잔언약』(1986), 『스나이더, 혁신적 교회갱신과 요한 웨슬리』(1987), 『요한 웨슬리 성경주해』(1990), 『복음과 문화』(1991), 『도날드 덴톤, 오순절신학의 신학적 뿌리』(1993), 『요한 웨슬리 설교 선집』(1994), 『켄 부루, 하나님의 병 고치는 권세, 기독자 완전에 대한 해설』(2003), 『쉽게 풀어 쓴 사도신경』(2006), 『쉽게 풀어 쓴 주기도문』(2006), 『쉽게 풀어 쓴 십계명』(2006) 등이 있습니다.

Ⅱ. 내가 신학을 하게 된 동기

나는 왜 신학을 공부하게 되었느냐는 질문을 많이 받았습니다. 일제 말엽에 성결교회의 교역자의 아들로 성장하면서 교역자들의 생활이 어렵다는 것을 목격한 나는 교역자가 되고 싶지 않았습니다. 도리어 교회에서 집사나 장로가 되어 교역자를 도우면서 교회를 섬기고 싶었습니다. 그래서 나는 젊은 시절에 교회의 집사가 되어 주일학교, 찬양대, 청년회에서 열심히 봉사하였습니다.

그러던 중, 해방 직후 있었던 한 부흥집회에서 주님을 극적으로 영접하는 경험을 하게 되었고 이 사건은 나로 하여금 목사가 되어 헌신하겠다는 결심을 하게 만들었습니다. 그 당시 내 나이 22세로 신한공사 금융출장소의 책임자로 일하고 있을 때였습니다. 주님의 부르심을 받았지만 직장을 정리하고 신학교에 가기까지는 시간이 걸렸습니다. 돈을 모아서 공부할 학비와 졸업 후 교역자 생활을 할 때도 자신의 생활비는 확보하여 소신껏 일하고 싶다고 하나님께 시간 여유를 요청한 것이었습니다. 그리하여 3년이 지연되었습니다.

1949년 9월에 서울에서 감리교신학교에 입학하여 나는 신학공부를 시작하였습니다. 그러나 다음 해 6.25 사변이 일어나 공부는 중단되었고, 1.4 후퇴로 가족은 북녘에 남고, 나는 일선에서 종군하게 되었습니다. 신학교에서 일 년 간 배운 영어 덕택으로 미군부대의 통역관으로 일선에서 일하게 되었습니다.

그러던 중, 부산에서 신학교가 문을 열었다는 소식을 들었으나 복교할 의사가 없었습니다. 그 당시 나의 생각은 전쟁이 한창이니 전쟁이나 끝난 다음 형편을 보자는 생각이었습니다. 그러나 아브라함에게 믿음의 확신을 주셨던 하나님께서 나를 깨우치시기 시작하셨고 나는 소명에 대한 불신을 회개하고 다시 학교에 복교했습니다. 이 때에 나를 깨우친 성경말씀은 로마서 4장 18절부터 24절까지의 말씀입니다.

나는 부산에 내려와 열심히 공부했습니다. 전쟁 중 생사의 위기에서 하나님을 만난 경험들은 나의 신앙을 돈독하게 만들었고 이것은 나로 하여금 좀더 뜨거운 신앙의 분위기에서 공부하고 싶은 소망을 갖게 하였습니다. 곧 이어 나는 서울신학교로 학교를 옮기게 되었고 열심히 기도하며 공부하였습니다.

그러나 하나님의 소명에 대한 시련은 그것으로 끝난 것이 아니었습니다. 징집 해당 연령도 아닌데 나는 군대에 소집당하여 제주도로 내려가게 된 것입니다. 그리하여 신학공부는 다시 중단되었습니다. 나는 그 상황에서 또 다시 의심에 빠졌습니다. 내가 정말 하나님의 소명으로 공부를 시작한 것인가, 전쟁터에서 부산으로 내려 올 때도 그것이 정말 하나님의 지시였는가, 아니면 나 혼자만의 착각으로 환상에 빠진 것이 아닌가 하고 나는 부르심에 대해 많이 고민했습니다.

그러나 진실하신 아브라함의 하나님은 나를 또 찾아와 주셨습니다. 내가 경주에 있는 육군병원에 와 있을 때였습니다. 하루는 아침에 병원 뜰에 있는 꽃밭 옆에서 기도하고 있는데 하나님께서 다시 나를 부르신 것입니다. 이것은 또 하나의 극적인 사건이었습니다.

얼마 후 나는 제대하게 되었고 계속해서 신학공부를 할 수 있게 되었습니다. 그 이후로는 하나님이 나를 구원하시고 사역자로 부르신 소명의식에서 흔들리지 않았습니다. 바울이 말한 대로 "너를 부르시는 이는 미쁘시니, 그가 또한 이루시리라"(살전 5:24)라는 믿음에 굳게 서게 되었습니다.

나는 1956년에 서울신학교를 졸업하였습니다. 6.25가 지난 직후 몹시 어려운 여건에서 공부를 했으나, 그런 시련 끝에 얻은 확신이 있었기에 닥치는 많은 어려움도 이길 수 있었습니다. 이 모두 하나님의 은혜요 도우심 때문에 가능했다고 믿습니다.

Ⅲ. 나의 신학 공부

1. 신학을 어떻게 공부했느냐고 묻는다면 나의 신학은 미국에서 본격적으로 하였다고 해도 과언이 아닙니다.

나는 감리교신학교에서 서울신학교로 옮겨, 서울신학교를 졸업한 후, 서울에 있는 한 교회에서 전도사로 봉사하였습니다. 신학교에서는 학생 시절부터 미국인 교수의 강의 통역을 했습니다. 신학공부를 본격적으로 하고 싶었기에 유학준비를 하였습니다. 숭실대학에서 철학과를 졸업하고, 국가에서 시행하는 유학생 시험도 치렀습니다. 1959년에 교단에서 목사 안수도 받았습니다.

더구나 가족을 대책 없이 남겨놓고 유학을 간다는 것이 용이한 것은 아니었습니다. 하나의 모험이 아닐 수 없었습니다. 하지만, 여호와 이레의 믿음을 가지고 떠날 수밖에 없었습니다. 나는 1960년 9월에 주머니에 미화 100불을 가지고 미국으로 향했습니다.

처음 간 곳이 켄터키 주에 있는 애즈베리신학교(Asbury Theological Seminary)입니다. 이 신학교는 미국에서 저명한 복음주의 신학교 가운데 하나입니다. 특히 이 학교는 세계선교에 지대한 관심을 갖고 선교사를 많이 배출하는 신학교로 이름 나 있었습니다.

이 신학교의 교육이념은 복음주의적 존 웨슬리 신학 입장에서 고도의 학문과 가슴 뜨거운 신앙 체험의 조화를 이룬 성령충만한 사역자를 온 세계로 보내는 데 있었습니다. 그리고 학과정 관리는 철저한 커부시스템을 적용하며 아주 엄격했습니다. 이 신학교의 채플과 기도의 분위기가 대단히 은혜스러웠습니다. 기도실에 들어가는 사람이 끊이지 않았습니다. 학기 초에 전교생이 산 깊숙한 데 자리 잡은 수양관에서 가진 수양회(부흥회)는 참으로 은혜스러웠습니다. 그 때 받은 은혜의 순간을 잊을 수 없습니다.

나는 당시의 애즈베리신학교의 학풍과 분위기를 고맙게 여겼습니다. 내가 다닐 때의 서울신학교에서는 경건 생활을 강조하였지만, 그에 따르는 고도의 학문성이 없어서 아쉽게 생각하던 나였기에 경건성과 함께 고도의 학문이 겸비된 애즈베리신학교의 학풍에 나는 만족하였습니다. 나의 신학교육의 이념도 여기서 그 기초가 생겼다고 해도 과언이 아닙니다.

나는 그 분위기에 잘 어울리면서 나름대로 열심히 공부했습니다. 그래서 졸업할 때는 이 학교 역사 이래 성적에 있어 최고의 기록을 냈다는 광고를 듣게 되었습니다. 이는 나로 하여금 이 모교와 늘 관계를 갖게 하는 사연이 되기도 했습니다. 나는 1993년과 1995년에 비손 국제 학자 석좌교수(Beason International Scholar)로 초빙되어 강의했습니다. 그 인연으로 현재까지 애즈베리신학교의 객원교수의 일원(adjunct faculty)으로 내 이름이 신학교 카탈로그에 수록되어 있습니다.

2. 나는 애즈베리신학교를 졸업하면서 교수들의 권면으로 박사과정을 이수하게 되었습니다.

이는 내가 미국에 갈 때에 계획에 없었던 일입니다. 에모리대학교(Emory University)에서 조직신학 전공으로 박사과정을 시작하여 1966년에 학위(Ph.D.)를 받았습니다. 동양 사람으로는 최초의 박사라고 합니다.

내가 에모리대학교를 선택한 것은 내가 전공하려는 존 웨슬리 신학의 권위자인 케논 박사를 위시하여 존 웨슬리 신학자가 4명이나 있었기 때문이었습니다. 그렇다고 그곳에 28명이나 되는 신학 교수들이 모두 존 웨슬리 신학을 좋아하는 것은 물론 아닙니다. 교수들의 신학적 입장은 다양했습니다. 하나님이 죽었다고 말하는 올타이저(Altizer) 박사도 있었으니 말입니다. 세계의 신학파를 모두 축소해서 놓은 듯한 인상이었습니다.

이런 환경은 처음에 나를 당혹하게 만들기도 했습니다. 나는 이렇게 거칠게 부는 파도 속에서 세미나를 하기에 나의 복음적 신학입장이 사면으로부터 비판과 도전을 받았습니다. 또한 그 파도 속에서 중심 없이 흔들리는 신학도들의 모습과 고민상도 목격했습니다.

그러나 나는 그 파도 속을 거쳐 나오면서 많은 연단을 받았습니다. 진주가 무거운 압력과 마찰을 거쳐서 귀중한 보석으로 형성되어 나오듯이, 나 또한 그런 과정을 통해서 복음적 신학의 고귀함을 새삼 느끼면서 공부를 마칠 수 있었습니다. 참으로 감사한 일입니다.

IV. 나의 신학적 입장

에모리대학교에서 박사과정을 마치기 전에 치르는 종합

필기시험과 구두시험이 있습니다. 이를 위한 준비는 시간이 걸립니다. 여기에 나는 나의 신학적 입장, 곧 신학의 권위, 출발점과 방법론을 정립해서 발표해야만 했습니다. 그곳은 교수들의 입장도 서로 다르기 때문에, 나는 여러 신학적 입장에서의 비판과 도전을 받는 가운데서 나의 입장을 발표하여 그들(시험관)의 인정을 받아 합격을 하여야 했습니다. 내 신학적 접근이 보수적이라는 것 때문에 많은 도전을 받았습니다. 그러나 나는 이런 환경에서 나의 신학적 입장을 정리할 수 있었던 것을 기쁘게 생각합니다.

한 마디로 요약해서 나의 신학은 존 웨슬리의 신학접근 방법을 틀로 삼게 되었습니다.

그러나 이런 나의 신학적 접근 방법과 입장을 정리하는 데는 많은 현대 신학자들의 영향과 도전을 거쳤으며, 또한 그들에게서 많은 도움도 받았습니다. 나의 교수님들, 특히 존 웨슬리 신학의 대가이신 캐논 박사, 톰손 박사님의 지도에 힘입은 바가 적지 않았습니다. 그러면 간략하게 말해서 나의 신학적 입장은 어떤 것입니까?

1. 성경에 근거를 두는 신학

나의 신학의 근거와 원천은 성경입니다. 그러므로 나의

신학에서는 성경에 대한 견해와 해석의 원리가 중요합니다. 나는 성경의 말씀은 성경이 주장하는 바에 있어 오류가 없는 권위 있는 하나님의 말씀이요, 능력의 말씀이라고 믿습니다. 이런 신앙은 바로 내가 서울신학교에서 공부할 때, 성결교회 목사님들을 통하여 받아들인 것입니다. 이런 나의 성경관은 에모리대학원에서의 세미나 시간에 날카로운 비판과 도전을 받았습니다.

그러나 성결교회에서 나에게 전수해 준 전통이기에, 가볍게 버리지 않고 그 도전에서 나의 성경관을 학문적으로 다듬어 나의 고백이요 신학이 되게 하신 하나님께 감사를 드립니다.

이런 과정에서 오스카 쿨만의 구속사적 접근과 조지 래드의 성경신학은 나에게 많은 도움을 주었습니다.

존 웨슬리가 말했듯이, 성경을 영감으로 기록케 하신 바로 그 성령은 기도하는 마음으로 성경을 읽는 신자에게 영감으로 도와주십니다. 성령께서 이와 같이 증거하실 때, 성경은 하나님의 말씀으로 받아들여지는 것입니다.

그러므로 나는 성경의 권위를 믿을 뿐 아니라 성경의 능력(Authority and Power of the Holy Scriptures)을 믿습니다. 하나님은 지금도 성경을 통하여 신자에게 말씀하시기 때문입니다. 이는 로잔 언약을 통하여 세계 교회의 대다수의 교회 지도자가 믿는 신앙입니다.

하나님의 영감으로 기록된 성경에는 통일성이 있습니다. 그러므로 성경은 성경으로 풀이할 뿐만 아니라 성경구절 가운데 불분명하거나 애매한 것들은 성경 전체에 흐르고 있는 큰 원리 곧 중요한 교리(예를 들어, 이신득의〈은총으로 인한 구원〉, 예수가 온 인류의 구주요, 인간은 모두가 죄인이라는 교리 같은 것들)에 조화를 이루도록 풀어 나가야 합니다. 이는 하나님의 계시와 성경의 통일성(Unity)을 믿기 때문입니다.

동시에 신앙이 개인의 주관에 빠지지 않기 위하여 우리는 공통적인 증거 곧 교회의 전통(신조)을 존중합니다. 이것이 바로 존 웨슬리가 취했던 접근 방법입니다.

2. 거룩한 하나님의 은총(Responsible Grace)을 강조하는 신학

존 웨슬리는 전통적인 교회의 맥락에 서서 하나님의 은총을 강조합니다. 이런 면에서 존 웨슬리 신학은 정통신학입니다. 그러나 칼빈, 루터 또는 다른 신학자들과 달라지는 이유는 무엇입니까? 이는 주로 어떤 신학개념을 근간(orienting concept)으로 삼고 신학을 전개하느냐에 달린 것입니다.

예를 들어서, 루터에서는 '믿음으로 의롭다 함을 받는다'는 이신득의가 그의 출발점(orienting concept)이었습니다. 칼빈에서는 하나님의 주권, 곧 하나님의 영광이 중심 개념이었고, 최근의 어떤 신학자에서는 '해방의 개념' 또는 '과정'(process)의 개념이 중심이 되어 신학 작업을 이론적으로 전개하였습니다. 나는 그런 신학적 전개에서 이루어지는 신학이 추상화되거나, 또는 신앙생활과 선교 상황에 걸맞지 않는 취약점을 드러내는 것을 관찰하게 되었습니다.

그런가 하면 존 웨슬리는 그의 신학을 설교의 도장에서 전개하였기에 하나님의 은총을 강조하되 값없이 하나님의 은혜를 받은 사람은 그 은혜로 인하여 그 후에 오는 하나님의 은혜에 대하여는 호응(response)하여야 한다고 주장합니다. 곧 하나님의 은혜는 사람의 호응을 기대하는 은혜(responsible grace)로 이해하며, 신학을 인격적 대화적 관계에서 개진함으로 전자들의 약점에 빠지지 않고 신앙생활과 선교활동에 적응성 있는 신학을 전개하였습니다.

그렇게 함으로써, 존 웨슬리는 성경이 주장하는 대로 죄로 인한 인간의 전적인 타락과 하나님의 전적인 은총을 주장하면서도 구원과 선교에 있어서의 인간의 책임을 인정하는 놀라운 은총관(곧 복음적 협동설-Evangelical Synergism)을 수립하였습니다. 이런 접근 방법이 나에게는 큰 매력(lure)이었습니다.

이에 나의 신학 작업에서의 중심사상(Orienting concept)이 무엇이냐고 묻는다면, 존 웨슬리가 그랬듯이 'Responsible Grace'이다. 그러나 좀더 구체적으로 나는 '거룩한 사랑의 하나님의 은총'이라고 표현하고 싶습니다.

사람을 향한 구속의 은총을 사랑으로 이해하게 될 때, 이 은총은 이론적이며, 일방적인 것이 아니며, 인격적(personal)인 것으로 그 은총은 인격적인 호응(personal response)을 기대합니다. 사랑의 하나님은 인류가 범죄로 인하여 정죄 당할 때, 동시에 은총의 손을 뻗치신 것입니다. 이는 모든 사람에게 주어진 선행적 은총입니다.

그러기에 인간은 하나님의 은총에 의해서 하나님의 계속적인 은총에 호응할 수 있으며 따라서 책임이 있는 것입니다. 이 근거에서 우리는 하나님의 구속의 은총을 강조하며 동시에 그 은총에 대해 믿음으로 호응하라고 설교하게 되는 것입니다.

하나님의 사랑은 거룩한 사랑입니다. 그러므로 하나님이 요구하시는 구원은 신분상의 성결뿐 아니라 주관적인 성결을 포함합니다. 내적 변화를 가져오지 않는 은혜는 값비싼 은혜일 수가 없습니다. 따라서 구원론은 성결사상을 중심으로 합니다.

성결교회는 바로 이 성결의 도리를 존 웨슬리가 가르친 대로 전파하는 것을 교회의 사명으로 삼고 있습니다. 더 나아가 성경이 가르치는 대로 재림과 신유를 전파함이 성경적 성결운동에 큰 도움이 된다고 믿어 성결의 도리와 아울러 사중복음을 전파함을 강조합니다. 이는 귀중한 전통입니다. 세계복음화 로잔운동에서 온 세계의 교회가 '온전한 복음'을 온 세계에 전하기를 외치고 있습니다. 이는 바로 성결교회의 사중복음이 메아리치고 있는 것이 아닙니까! 그러기에 성결을 중심한 신학은 그리스도의 온전한 복음을 말로 행실로 그리고 능력으로 증거하는 선교로 이어져야 한다고 믿는 것입니다.

3. 선교적 신학

위에서 말했듯이, 거룩한 하나님의 사랑을 강조하는 신학은 선교로 직결되며 또 선교를 뒷받침합니다. 신학은 선교적 신학(Missionary theology)이라야 합니다. 신학은 하나님 나라의 복음을 오늘의 상황에 적응성 있게 해석하고 설명하여 듣는 자가 깨닫고(회개) 호응(믿음)하도록 인도하는 데 그 중요한 목적이 있어야 합니다. 존 웨슬리는 가슴 뜨겁게 하나님의 구원의 은총을 체험하고 나니 그 감격으로 인하여 나아가 복음을 전파하지 않을 수 없었습니다. 신학은 바로 이래야 한다고 나는 확신합니다.

나는 세계복음화 로잔운동에 깊이 관여하면서 이런 확신을 더욱 확인하게 되었습니다. 나는 오늘에 요망되는 신학자는 단순한 신학자가 아니라 신학자인 동시에 전도자 곧 'Theologian-Evangelist'가 되어야 한다고 믿습니다. 이런 신념에서 나는 신학도이면서 늘 설교와 전도 집회 또는 부흥회를 인도하곤 합니다.

4. 신앙체험이 따라야 하는 신학

신학을 공부한다는 것은 자랑스러운 일입니다. 흥분과 감격이 있는 학문이기 때문이다. 신학의 대상(Subject)이 고상하지 않습니까? 박사과정을 하면서 가끔 철학을 전공(박사과정)하는 학도와 함께 세미나를 가진 적이 있습니다. 그들은 만사를 의심하고 사색하느라고 회의(懷疑) 속에서 고민합니다. 확신 있는 결론이 없기 때문입니다. 그들의 주장은 모두 상대적입니다. 그러나 하나님의 말씀에 근거한 신학은 확실한 데서 시작하며 확실한 결론으로 끝납니다. 이 진리가 체험적으로 수긍될 때 신학도에게는 감격이 있고 신학은 진리 선포로 연결되는 것입니다.

하나님의 은혜(구원의 은총)에 대한 감격과 그 은총과 진리를 남에게 증거하고자 하는 의욕이 있을 때 신학은 아주 의미 있는 학문이 됩니다. 그러므로 신학은 기도하는 가운데 공부하여야 하며, 선교하는 상황에서 개진하여야 합니다. 깊은 신앙이 있는 신학도에게 신학은 참으로 재미가 있고 '아멘'을 불러일으키는 학문입니다. 나는 강의실에서 이 사실을 경험합니다.

그러므로 나는 신학이 그의 신앙체험에서 이해되며 또한 확인되어야 한다고 믿습니다. 하나님의 계시(곧 말씀) 그리고 신학 언어는 인격적인 언어(personal language)이기에 인격적인 호응, 곧 체험을 통하여서만 이해되는 것입니다. 신학은 이성의 논리로 추리하는 학문이 아닙니다.

이런 접근방법을 이해함에 있어 영국의 존 맥머레이(John Macmurray)의 실존적 인격주의 또는 마틴 부버(Martin Buber)의 나와 너의 관계(I-Thou Relation)에서의 접근 방법은 큰 도움을 주었습니다.

그러기에 신앙 체험은 중요한 것입니다. 곧 Orthodoxy

가 Orthopathy로 체험될 때, 확실한 Orthpraxy를 가져오는 것이 아닙니까? 서울 신학교에서 신앙의 체험을 강조하시던 노교수들의 마음이 이해됩니다.

5. 나의 신학도로서의 모토

마지막으로 나는 신학을 하면서 나의 좌우명으로 삼았던 성구를 나눔으로 내 글을 마치려고 합니다. 나는 신학을 시작하면서 베드로전서 3:15-16의 말씀을 모토로 삼았습니다.

"너희 마음에 그리스도를 주로 삼아 거룩하게 하고 너희 속에 있는 소망에 관한 이유를 묻는 자에게는 대답할 것을 항상 예비하되 온유와 두려움으로 하고, 선한 양심을 가지라."

이 말씀은 신학도에게는 세 가지 훈련(Discipline)이 항상 있어야 한다고 권고하고 있습니다.

첫째로, 우리에게 주어진 진리, 소망에 관한 이유를 누구에게나 언제나 설명할 수 있도록 부단히 공부하여야 합니다. 케리그마, 곧 복음에 관하여, 오늘의 상황(Situation)에 관하여, 그리고 복음 전달의 기술(Communication)에 관한 것들을 열심히 공부하여야 합니다.

둘째로, 효과적인 전달을 위해서는 그리스도인으로서 인격 수양이 있어야 합니다. 아무리 유식한 신학도가 되어도 그리스도인으로서의 도덕성이 무너지면 안 됩니다.

마지막으로, 하나님과의 교제가 늘 있어야 합니다. 들판에 세워진 풍차가 아름답게 페인트칠이 되어 있어 찬란하게 보일지는 몰라도 그 풍차가 풍차의 역할을 하기 위하여는 위에서 흘러 내려오는 물줄기와 연결되어 있어야 하듯이, 신학도는 하나님의 영과의 교분이 늘 있어야만 합니다. 그러므로 기도하면서 신학을 하여야 합니다. 이런 훈련들을 계속 할 때 신학도는 부끄럼 없는 하나님의 일꾼이 될 것입니다.

쉽게 풀어 쓴 사도신경

2006년 6월 30일 초판 발행

지은이 • 조종남
발행인 • 김수곤
등록일 • 2001년 7월 31일 / 제 22-657호
발행처 • 선교횃불
등록주소 • 서울시 송파구 삼전동 103번지
총　판 • 선교횃불
　　　　전　화 : 02)2203-2739
　　　　팩　스 : 02)2203-2738
　　　　이메일 : ccm2you@gmail.com
　　　　홈페이지 : www.ccm2u.com